한 국 어 능 력 시 험

TOPIK I
한권으로 끝내기

Master TOPIK I with One Book

다락원

한국어능력시험

TOPIK I
한권으로 끝내기

합격
특강

Intensive Course for TOPIK I Success :
Master TOPIK I with One Book

지은이 전나영, 손성희
펴낸이 정규도
펴낸곳 (주)다락원

초판 1쇄 발행 2025년 1월 10일

기획 권혁주, 김태광
편집 이후춘, 김효은, 박소영

디자인 최예원, 김민정

DARAKWON
경기도 파주시 문발로 211
내용문의: (02)736-2031 내선 291~296
구입문의: (02)736-2031 내선 250~252
Fax: (02)732-2037
출판등록 1977년 9월 16일 제406-2008-000007호

ISBN: 978-89-277-7437-2 13710

http://www.darakwon.co.kr

다락원 홈페이지를 방문하시면 상세한 출판 정보와 함께 MP3 자료 등 다양한 어학 정보를 얻으실 수 있습니다.

한 국 어 능 력 시 험

TOPIK I

한권으로 끝내기

Master TOPIK I with One Book

머리말

전 세계적으로 K-컬처의 영향력이 커지면서 한국의 문화나 콘텐츠, 한국어에 대해 관·심을 가지는 외국인이 지속적으로 증가하는 추세이다. 이에 따라 외국에서의 한국어 입지도 넓어져 외국 대학에서 한국어과를 개설하거나 한국어를 대입 시험과목으로 채택하는 국가가 많아지고 있다. 또한 한국 대학에서 공부하거나 한국 기업에 취업하고 싶어 하는 외국인의 수요도 늘어가고 있다.

한국어능력시험(TOPIK)은 한국어 사용 능력을 측정·평가할 수 있는 시험으로 한국에서 유학하거나 취업하고자 하는 외국인이라면 이 시험에 응시하여 각 요건을 충족시킬 수 있는 자격을 획득해야 한다. 한국어능력시험의 등급을 인정하는 기관이 많아지면서 응시자도 더욱 많아질 전망이다. 한국어능력시험의 응시자 수요가 많아짐에 따라 시험 시행 횟수가 늘어나고 있으며 시험을 실시하는 해외 지역도 확장되고 있다. 또한 인터넷 기반 시험(IBT)을 도입하여 더 많은 학습자가 시간과 장소의 제한 어려움 없이 응시할 수 있도록 편의를 제공하고 있다.

이에 따라 이 책은 한국어능력시험을 준비하는 학습자를 위해 기획되었다. 한국어능력시험을 준비하면서 가장 중요한 것은 시험 문제의 경향에 대한 파악과 다양한 문제 풀이를 통한 충분한 연습이다. 이 책에서는 학습자가 문제를 풀 때 어떤 점에 중점을 두고 문제를 이해해야 하는지 전략적으로 파악할 수 있도록 제시하였다. 또한 시험 경향에 맞춘 문제를 풀어봄으로써 문제 풀이 능력을 향상시킬 수 있도록 구성하였다.

이 책으로 한국어능력시험을 준비하는 학습자들이 필요한 자격을 얻을 수 있기를 바라며 한국 생활이나 업무 수행에 필요한 언어 기능을 정확하고 유창하게 수행하여 정치, 경제, 사회, 문화 전반에 걸쳐 자유롭게 이해하고 사용할 수 있기를 기대한다.

CHINESE VER.

JAPANESE VER.

VIETNAMESE VER.

Preface

As the influence of K-culture grows worldwide, the number of foreigners interested in Korean culture, content, and language continues to increase. Accordingly, the position of Korean language abroad is also expanding, with many foreign universities establishing Korean language departments or adopting Korean as a college entrance exam subject. Furthermore, the demand from foreigners who want to study at Korean universities or work for Korean companies is also increasing.

The Test of Proficiency in Korean (TOPIK) is an examination that measures and evaluates Korean language proficiency. Foreigners who wish to study or work in Korea must take this test and obtain the necessary qualifications to meet the requirements. With more institutions recognizing TOPIK scores, the number of test-takers is expected to increase further. In response to the growing demand, the number of test administrations has increased, and the overseas regions where the test is conducted have expanded. In addition, the Internet-Based Test (IBT) has been introduced to provide more learners with the convenience of taking the test without the limitations of time and place.

Therefore, this book was planned for learners preparing for the TOPIK. The most important thing when preparing for the TOPIK is to understand the trends of the test questions and to practice sufficiently through various problem-solving exercises. This book strategically presents how learners should focus on understanding the questions when solving them. It is also designed to improve problem-solving skills by practicing questions that match the exam trends.

We hope that learners preparing for the TOPIK with this book will be able to obtain the necessary qualifications. We also hope that they will be able to accurately and fluently perform the language functions necessary for life or work in Korea, and freely understand and use the Korean language in all aspects of politics, economy, society, and culture.

이 책의 특징

이 책은 TOPIK I 시험을 준비하는 학습자들이 효율적으로 시험을 준비할 수 있도록 듣기와 읽기 영역별 문제와 실전 모의고사로 구성한 교재이다. 먼저 듣기, 읽기 시험 문제를 분석해서 문제 유형을 파악하고 출제 경향에 따른 문항을 유형별로 구성하였다. 추가로 학습하면 좋은 주요 표현이나 추가 학습도 실어 TOPIK I 를 좀 더 완벽하게 준비할 수 있다. 그리고 실전 모의고사 1회분을 구성하여 실제 시험을 체감하며 연습할 수 있도록 하였다.

☞ 듣기 문제는 알맞은 대답 찾기, 대화 완성하기, 장소나 화제 찾기, 알맞은 그림 찾기, 중심 생각 찾기, 대화의 내용 이해하기, 안내 방송의 내용 이해하기 등의 문제가 출제된다.

☞ 읽기 문제는 알맞은 표현(동사, 명사, 형용사, 부사, 조사, 접속사, 연결어미, 문형) 찾기, 주제 및 중심 내용 등 전체 내용 이해하기, 글의 세부적인 내용 이해하기, 글의 순서 파악하기 등의 문제가 출제된다.

☞ 실전 모의고사는 실제 시험 난이도에 맞춰 1회분의 시험 문항을 구성하였다. 실제 시험 시간에 맞춰 문제를 풀어 보면 실전 시험을 완벽하게 대비할 수 있다.

Features of this book

This book is designed for learners preparing for the TOPIK I exam, structured with questions for listening and reading sections, as well as practice test, to enable efficient exam preparation. First, it analyzes the listening and reading test questions to identify question types and organizes items by type according to exam trends. Additionally, it includes key expressions and supplementary materials that are beneficial for further study, allowing for more thorough preparation for TOPIK I. Furthermore, it includes one full practice test, enabling learners to practice and experience the actual exam conditions.

Listening questions include finding the right responding, completing a conversation, finding a place or topic, finding the right picture, finding the central idea, understanding the content of a conversation, and understanding the content of an announcement.

Reading questions include finding the right expression (verb, noun, adjective, adverb, particle, conjunction, connective ending, sentence pattern), understanding the overall content such as the topic and main content, understanding the detailed content of the text, and understanding the order of the text.

The practice test consists of one set of test questions that match the actual test difficulty level. If you solve the problem according to the actual test time, you can perfectly prepare for the actual test.

이 책의 특징

듣기 시험과 읽기 시험을 준비할 때 학습자가 어떤 부분에 초점을 맞춰 학습해야 하는지 각 영역별 학습 방법을 소개하여 학습에 도움을 준다.

When preparing for the listening and reading tests, it introduces learning methods for each area, helping learners learn by focusing on what to focus on.

실제 TOPIK I 시험에 출제되는 문제의 유형과 난이도에 맞춰 연습 문제를 구성하였다.

Exercises are composed according to the type and difficulty of the questions that appear in the actual TOPIK I test.

Features of this book

[연습 문제] 다음에 각 문제와 관련된 [추가 학습]이나 [주요 표현]을 구성하여 좀 더 확장적으로 학습할 수 있다.

After [Exercise], [Additional learning] or [Key expressions] related to each question are organized so that you can learn more broadly.

[실전 모의고사]를 풀어 보면서 실전 시험에 대한 감각을 익힐 수 있다. 실제 시험 시간에 맞춰 문제를 풀어 보고, 교재 맨 뒤에 있는 OMR 카드에 답을 체크하고 답안을 작성하는 연습을 해 보는 것이 좋다.

By taking the [Practice Test], you can get a feel for the actual test. It is a good idea to solve the problems according to the actual test time, check the answers on the OMR card at the back of the textbook, and practice writing the answers.

01 시험 목적

- 한국어를 모국어로 하지 않는 재외동포·외국인의 한국어 학습 방향 제시 및 한국어 보급 확대
- 한국어 사용 능력을 측정·평가하여 그 결과를 국내 대학 유학 및 취업 등에 활용

02 응시 대상

응시 자격 제한이 없으나 재외동포 및 한국어를 모국어로 사용하지 않는 외국인 한국어 학습자 및 국내 대학 유학 희망자, 국내외 한국 기업체 및 공공기관 취업 희망자, 외국 학교에 재학 중이거나 졸업한 재외국민

03 시험의 주요 활용처

- 외국인 및 재외동포의 국내 대학(원) 입학 및 졸업
- 정부 초청 외국인 장학생 프로그램 진학 및 학사관리
- 국내외 기업체 및 공공기관 취업
- 국외 대학의 한국어 관련 학과 학점 및 졸업요건
- 영주권/취업 등 체류비자 취득

04 토픽 I PBT 시험 수준 및 평가 등급

영 역	시험시간	유 형	문항수	배 점	급수 구분 점수
듣 기	100분	선택형 (4지선다형)	30문	100점	1급 80~139점
읽 기			40문	100점	2급 140~200점

05 등급별 평가 기준

1급	자기 소개하기, 물건 사기, 음식 주문하기 등 생존에 필요한 기초적인 언어 기능을 수행할 수 있으며 자기 자신, 가족, 취미, 날씨 등 매우 사적이고 친숙한 화제에 관련된 내용을 이해하고 표현할 수 있다. 약 800개의 기초 어휘와 기본 문법에 대한 이해를 바탕으로 간단한 문장을 생성할 수 있다. 또한 간단한 생활문과 실용문을 이해하고, 구성할 수 있다.
2급	전화하기, 부탁하기 등의 일상생활에 필요한 기능과 우체국, 은행 등의 공공시설 이용에 필요한 기능을 수행할 수 있다. 약 1,500~2,000개의 어휘를 이용하여 사적이고 친숙한 화제에 관해 문단 단위로 이해하고 사용할 수 있다. 공식적 상황과 비공식적 상황에서의 언어를 구분해 사용할 수 있다.

01 Test Purpose

- To provide guidance on Korean language learning directions for overseas Koreans and foreigners whose native language is not Korean, and to expand the spread of the Korean language
- To measure and evaluate Korean language proficiency and utilize the results for studying abroad at domestic universities, employment, and other purposes

02 Target Test Takers

There are no restrictions on eligibility, but it is intended for overseas Koreans and foreign learners of Korean whose native language is not Korean, as well as those who wish to study at domestic universities, those who wish to work for Korean companies or public institutions at home and abroad, and overseas Koreans who are currently attending or have graduated from foreign schools

03 Main Uses of the Test

- Admission and graduation from domestic universities (graduate schools) for foreigners and overseas Koreans
- Admission and academic management of government-invited foreign scholarship programs
- Employment at domestic and foreign companies and public institutions
- Credits and graduation requirements for Korean language-related departments at overseas universities
- Obtaining permanent residency/work visas and other types of stay visas

04 TOPIK I PBT Test Level and Evaluation Grades

Category	Test Time	Type	Number of Questions	Points	Level
Listening	100 minutes	Multiple Choice (4 options)	30	100	Level 1 80~139
Reading			40	100	Level 2 140~200

05 Evaluation Criteria by Grade

Level 1	Can perform basic language functions necessary for survival, such as introducing oneself, buying things, and ordering food. Can understand and express content related to very personal and familiar topics such as oneself, family, hobbies, and weather. Can create simple sentences based on understanding of approximately 800 basic vocabulary words and basic grammar. And can understand and compose simple daily life texts and practical texts.
Level 2	Can perform functions necessary for daily life such as making phone calls and asking for favors, as well as functions necessary for using public facilities such as post offices and banks. Can understand and use paragraphs about personal and familiar topics using approximately 1,500 to 2,000 vocabulary words. Can distinguish between formal and informal language use in different situations.

📖 목차 Contents

듣기 시험 준비 How to prepare for the listening test

01 듣기 시험 파악하기 Understanding the listening test

시험을 준비할 때 가장 먼저 파악해야 하는 것은 해당 시험에서 어떤 문제가 몇 문제 출제되며 몇 분 안에 풀어야 하는지 등 시험에 대한 전반적인 사항이다. TOPIK I 듣기 문제는 PBT의 경우 초급 수준의 듣기 30문항을 40분 안에 풀어야 한다.

When preparing for an exam, the first thing you need to understand is the overall structure of the test, including the types of questions, the number of questions, and the time limit. For the TOPIK I listening test (PBT), you have 40 minutes to answer 30 beginner-level listening questions.

02 듣기 문제 유형 학습하기 Learning the listening question types

듣기 문제는 알맞은 대답 찾기, 대화 완성하기, 장소나 화제 찾기, 알맞은 그림 찾기, 중심 생각 찾기, 대화의 내용 이해하기, 안내 방송의 내용 이해하기 등의 문제가 출제된다.

The listening test includes various question types such as finding the appropriate response, completing conversations, identifying the location or topic, finding the correct picture, identifying the main idea, understanding the content of conversations, and understanding the content of announcements.

03 정해진 시간 안에 문제 풀기 Solving problems within the time limit

혼자 학습할 때는 음성 녹음을 들은 뒤 정답을 고르는 시간이 자유롭지만 실제 시험에서는 시험 시간이 한정되어 있다. 따라서 혼자서 연습할 때에도 일정한 시간 내에 듣기 문제를 풀 수 있도록 시간을 정해 놓고 학습해야 한다.

When studying alone, you have the freedom to choose how much time you spend listening to the audio recordings and selecting the answers. However, in the actual test, the test time is limited. Therefore, even when practicing alone, you should set a specific time limit and practice solving the listening questions within that time frame.

04 듣기 지문 복습하기 Reviewing listening passages

〈듣기 지문〉 음성 녹음 파일을 다시 들으면서 해당 지문에서 나온 어휘, 표현을 확실하게 익힌다. 지문에서 모르는 어휘나 표현을 체크해 두고 그 내용을 추가로 학습하며 다시 한번 들을 때는 발음에 유의해서도 들어 본다.

Listen to the audio recordings again while reviewing the corresponding passages to thoroughly familiarize yourself with the vocabulary and expressions used. Mark any unfamiliar words or expressions in the passages for further study, and pay attention to pronunciation when listening again.

PART

듣기
LISTENING

듣기
음성 파일

1 대답하기
Type 1 Responding

풀이 전략
Explanation strategy

❶ '네/아니요'로 대답하기 Answering with 'Yes/No'

듣기 1, 2번 문제

- 질문을 정확하게 이해해야 한다.
  You need to understand the question accurately.

- 긍정의 대답과 부정의 대답을 잘 알아야 한다.
  You need to know both positive and negative answers well.

❷ 의문사 질문에 대답하기 Answering questions with interrogative words

듣기 3, 4번 문제

- 질문을 정확하게 알아야 한다.
  You need to understand the question accurately.

- 의문사의 의미를 잘 이해해야 한다.
  You need to understand the meaning of the interrogative word well.

❸ 대화 완성하기 Completing conversations

듣기 5번 문제

- 다양한 인사 표현을 알아야 한다.
  You need to know various greeting expressions.

- 인사 표현에 대한 대답을 알아야 한다.
  You need to know the responses to greeting expressions.

듣기 6번 문제

- 안내, 지시, 부탁의 말을 이해해야 한다.
  You need to understand instructions, directions, and requests.

- 상대방의 말에 대한 적절한 대답을 알아야 한다.
  You need to know the appropriate responses to what the other person says.

유형 1 대답하기 Type 1 Responding   연습 문제 Exercise

❶ '네/아니요'로 대답하기 Answering with 'Yes/No'

[토픽 I 1번 문제]

※ [1~4] 다음을 듣고 〈보기〉와 같이 물음에 맞는 대답을 고르십시오.   Track 01

─────── 〈 보 기 〉 ───────

가: 학교에 가요?

나: _____

❶ 네. 학교에 가요.   ② 네. 학교가 좋아요.

③ 아니요. 학교가 없어요.   ④ 아니요. 학교가 아니에요.

1. (4점)

① 네. 회사원이에요.   ② 네. 회사원이 좋아요.

③ 아니요. 회사원이에요.   ④ 아니요. 회사원이 많아요.

[토픽 I 2번 문제]

※ [1~4] 다음을 듣고 〈보기〉와 같이 물음에 맞는 대답을 고르십시오.   Track 02

─────── 〈 보 기 〉 ───────

가: 학교에 가요?

나: _____

❶ 네. 학교에 가요.   ② 네. 학교가 좋아요.

③ 아니요. 학교가 없어요.   ④ 아니요. 학교가 아니에요.

2. (4점)

① 네. 한국 친구예요.   ② 네. 한국 친구를 만나요.

③ 아니요. 한국 친구가 없어요.   ④ 아니요. 한국 친구가 아니에요.

❷ 의문사 질문에 대답하기 Answering questions with interrogative words

[토픽 I 3번 문제]

※ [1~4] 다음을 듣고 〈보기〉와 같이 물음에 맞는 대답을 고르십시오.

─────── 〈 보 기 〉 ───────

가: 학교에 가요?

나: _____

❶ 네. 학교에 가요. ② 네. 학교가 좋아요.

③ 아니요. 학교가 없어요. ④ 아니요. 학교가 아니에요.

3. (3점)

① 빵을 먹어요. ② 제 동생이에요.

③ 생일 선물이에요. ④ 카페에서 만나요.

[토픽 I 4번 문제]

※ [1~4] 다음을 듣고 〈보기〉와 같이 물음에 맞는 대답을 고르십시오.

Track 04

─────── 〈 보 기 〉 ───────

가: 학교에 가요?

나: _____

❶ 네. 학교에 가요. ② 네. 학교가 좋아요.

③ 아니요. 학교가 없어요. ④ 아니요. 학교가 아니에요.

4. (3점)

① 축구를 좋아해요. ② 체육관에서 해요.

③ 운동을 좋아해요. ④ 친구와 운동을 해요.

❸ 대화 완성하기 Completing conversations

※ [5~6] 다음을 듣고 〈보기〉와 같이 이어지는 말을 고르십시오. `Track 05`

─── 〈보 기〉 ───

가: 안녕히 가세요.

나: _____

① 어서 오세요. ② 안녕하세요.

❸ 안녕히 계세요. ④ 안녕히 주무세요.

5. **(4점)**

① 고마워요. ② 괜찮아요.

③ 반가워요. ④ 안녕히 계세요.

※ [5~6] 다음을 듣고 〈보기〉와 같이 이어지는 말을 고르십시오. `Track 06`

─── 〈보 기〉 ───

가: 안녕히 가세요.

나: _____

① 어서 오세요. ② 안녕하세요.

❸ 안녕히 계세요. ④ 안녕히 주무세요.

6. **(3점)**

① 네. 알겠습니다. ② 잘 모르겠습니다.

③ 처음 뵙겠습니다. ④ 내일 오겠습니다.

대답하기
Type 1 Responding

추가 학습
Additional learning

❶ 긍정과 부정의 표현 positive and negative expressions

- **N이에요**

  남자: 학생이에요? Are you a student?

  여자: 네. 학생이에요. Yes. I'm a student.

- **N예요**

  남자: 친구예요? Is she a friend?

  여자: 네. 친구예요. Yes, she's a friend.

- **N이 아니에요**

  남자: 학생이에요? Are you a student?

  여자: 아니요. 학생이 아니에요. No, I'm not a student.

- **N가 아니에요**

  남자: 친구예요? Is she a friend?

  여자: 아니요. 친구가 아니에요. No, she's not a friend.

- **네/아니요**

  남자: 베트남 사람이에요? Are you Vietnamese?

  여자: 네. 베트남 사람이에요. Yes, I'm Vietnamese.
  　　 아니요. 베트남 사람이 아니에요. No, I'm not Vietnamese.

- **___어요**

  여자: 아침을 먹어요? Do you eat breakfast?

  남자: 네. 아침을 먹어요. Yes, I eat breakfast.

- **___아요**

  여자: 집에 가요? Are you going home?

  남자: 네. 집에 가요. Yes, I'm going home.

- **___여요**

여자: 아침에 운동을 해요? Do you exercise in the morning?

남자: 네. 아침에 운동을 해요. Yes, I exercise in the morning.

- **안 ___**

여자: 아침을 먹어요? Do you eat breakfast?

남자: 아니요. 아침을 안 먹어요. No, I don't eat breakfast.

- **___지 않아요**

여자: 서울에서 운전을 해요? Do you drive in Seoul?

남자: 아니요. 서울에서 운전을 하지 않아요. No, I don't drive in Seoul.

- **___이/가 있어요/없어요**

여자: 동생이 있어요? Do you have a younger sibling?

남자: 네. 동생이 있어요. Yes, I have a younger sibling.

아니요. 동생이 없어요. No, I don't have a younger sibling.

반의어 antonyms

- **많다/적다** to be many/to be few

여자: 친구가 많아요? Do you have many friends?

남자: 네. 친구가 많아요. Yes, I have many friends.

아니요. 친구가 적어요. No, I have few friends.

- **크다/작다** to be big/to be small

여자: 민철 씨 방이 커요? Is Mincheol's room big?

남자: 네. 민철 씨 방이 커요. Yes, Mincheol's room is big.

아니요. 민철 씨 방이 작아요. No, Mincheol's room is small.

- **좋다/나쁘다** to be good/to be bad

  여자: 지금 기분이 좋아요? Are you feeling good now?

  남자: 네. 기분이 좋아요. Yes, I'm feeling good.
  아니요. 기분이 나빠요. No, I'm feeling bad.

- **비싸다/싸다** to be expensive/to be cheap

  여자: 요즘 과일이 비싸요? Is fruit expensive these days?

  남자: 네. 과일이 비싸요. Yes, fruit is expensive.
  아니요. 과일이 싸요. No, fruit is cheap.

- **조용하다/시끄럽다** to be quiet/to be noisy

  여자: 교실이 조용해요? Is the classroom quiet?

  남자: 네. 교실이 조용해요. Yes, the classroom is quiet.
  아니요. 교실이 시끄러워요. No, the classroom is noisy.

- **무겁다/가볍다** to be heavy/to be light

  여자: 가방이 무거워요? Is the bag heavy?

  남자: 네. 가방이 무거워요. Yes, the bag is heavy.
  아니요. 가방이 가벼워요. No, the bag is light.

❷ 의문사가 있는 표현 expressions with interrogative words

- **누구** who

  남자: 오늘 누구를 만나요? Who are you meeting today?

  여자: 오늘 친구를 만나요. I'm meeting a friend today.

- **언제** when

  남자: 생일이 언제예요? When is your birthday?

  여자: 5월 10일이에요. It's May 10th.

- **무엇** what

  남자: 이름이 뭐예요? What's your name?

  여자: 유키예요. It's Yuki.

- **어디** where

  남자: 학생회관이 어디에 있어요? Where is the student union building?

  여자: 도서관 앞에 있어요. It's in front of the library.

- **어떻게** how

  여자: 학교에 어떻게 와요? How do you come to school?

  남자: 버스를 타고 와요. I come by bus.

- **몇** how many

  여자: 모두 몇 명이에요? How many people are there in total?

  남자: 다섯 명이에요. There are five people.

- **왜** why

  여자: 왜 아르바이트를 해요? Why do you have a part-time job?

  남자: 돈이 없어서 아르바이트를 해요. I have a part-time job because I don't have money.

- **무슨** what kind of

  여자: 무슨 운동을 좋아해요? What kind of exercise do you like?

  남자: 축구를 좋아해요. I like soccer.

- **얼마나** how long/often

  여자: 집에서 학교까지 얼마나 걸려요? How long does it take to get from your home to school?

  남자: 30분쯤 걸려요. It takes about 30 minutes.

❸ 인사말과 안내 및 부탁 표현 expressions for greeting, directions and favors

- **만났을 때** when meeting

  남자: 처음 뵙겠습니다. How do you do?

  여자: 만나서 반갑습니다. Nice to meet you.

- **헤어질 때** when parting

  남자: 안녕히 계세요. Goodbye.

  여자: 안녕히 가세요. Goodbye.

- **사과할 때** when apologizing

  남자: 늦어서 미안해요. I'm sorry I'm late.

  여자: 괜찮습니다. It's okay.

- **식사할 때** when eating

  남자: 많이 드세요. Please eat a lot.

  여자: 잘 먹겠습니다. I will eat well.

- **고마울 때** when grateful

  남자: 제가 도와드릴게요. Let me help you.

  여자: 감사합니다. Thank you.

- **축하할 때** when congratulating

  남자: 생일 축하해요. Happy birthday.

  여자: 감사합니다. Thank you.

- **안내** directions

  여자: 잠깐만 기다리세요. Please wait a moment.

  남자: 알겠습니다. Okay.

- **지시** instructions

  여자: 여기에서 드시면 안 됩니다. You can't eat here.

  남자: 죄송합니다. I'm sorry.

- **부탁** requests

  여자: 좀 도와주세요. Please help me.

  남자: 알겠습니다. Okay.

2 전체 내용 이해하기 　풀이 전략
Type 2 Understanding the overall content 　Explanation strategy

❶ 장소 찾기 Finding the location

듣기 7, 8, 9, 10번 문제

- 장소 명사를 정확하게 이해해야 한다.
  You need to accurately understand the nouns that indicate places.

- 해당 장소와 관련이 있는 단어를 알아야 한다.
  You need to know words related to the place.

- 해당 장소에서 자주 하는 대화를 알아야 한다.
  You need to know conversations that frequently take place in that place.

❷ 화제 찾기 Finding the topic

듣기 11, 12, 13, 14번 문제

- 두 사람의 대화를 정확하게 이해해야 한다.
  You need to understand the conversation between the two people accurately.

- 무엇에 대해 이야기하는지 잘 알아야 한다.
  You need to know what they are talking about.

듣기 27번 문제

- 전체적인 대화 내용을 잘 이해해야 한다.
  You need to understand the overall content of the conversations well.

- 두 사람이 무엇에 대한 이야기를 하는지 알아야 한다.
  You need to know what the two people are talking about.

❸ 알맞은 그림 찾기 Finding the correct picture

듣기 15, 16번 문제

- 그림의 장소를 잘 알아야 한다.
  You need to know the places in the pictures well.

- 두 사람의 대화를 정확하게 이해해야 한다.
  You need to understand the conversation between the two people accurately.

❹ 중심 생각 찾기 Finding the main idea

듣기 22, 23, 24번 문제
- 두 사람이 무엇에 대해서 이야기하는지 알아야 한다.
  You need to understand what the two people are talking about.
- 여자의 생각이 무엇인지 알아야 한다.
  You need to understand what the woman is thinking.

듣기 25번 문제
- 안내 방송의 내용을 잘 이해해야 한다.
  You need to understand the content of the announcements well.
- 안내 방송에서 자주 나오는 단어를 알아야 한다.
  You need to know the words that frequently appear in announcements.
- 안내 방송을 하는 목적을 정확하게 이해해야 한다.
  You need to accurately understand the purpose of the announcement.

듣기 29번 문제
- 남자가 말하는 이유와 목적을 잘 이해해야 한다.
  You need to understand the reasons and purpose behind what the man is saying.
- 전체적인 대화 내용을 잘 파악해야 한다.
  You need to grasp the overall content of the conversation well.

2 전체 내용 이해하기
Type 2 Understanding the overall content

연습 문제
Exercise

❶ 장소 찾기 Finding the location

[토픽 I 7번 문제]

※ [7~10] 여기는 어디입니까? 〈보기〉와 같이 알맞은 것을 고르십시오. Track 07

───── 〈 보 기 〉 ─────

가: 뭘 드릴까요?

나: 비빔밥 하나하고 김치찌개 이 인분 주세요.

① 서점　　　　❷ 식당　　　　③ 편의점　　　　④ 백화점

7. (3점)

① 식당　　　　② 가게　　　　③ 교실　　　　④ 약국

[토픽 I 8번 문제]

※ [7~10] 여기는 어디입니까? 〈보기〉와 같이 알맞은 것을 고르십시오. Track 08

───── 〈 보 기 〉 ─────

가: 뭘 드릴까요?

나: 비빔밥 하나하고 김치찌개 이 인분 주세요.

① 서점　　　　❷ 식당　　　　③ 편의점　　　　④ 백화점

8. (3점)

① 공항　　　　② 미용실　　　　③ 노래방　　　　④ 도서관

[토픽 I 9번 문제]

※ [7~10] 여기는 어디입니까? 〈보기〉와 같이 알맞은 것을 고르십시오. `Track 09`

─── 〈보 기〉 ───

가: 뭘 드릴까요?

나: 비빔밥 하나하고 김치찌개 이 인분 주세요.

① 서점 ❷ 식당 ③ 편의점 ④ 백화점

9. **(3점)**

① 교실 ② 서점 ③ 극장 ④ 은행

[토픽 I 10번 문제]

※ [7~10] 여기는 어디입니까? 〈보기〉와 같이 알맞은 것을 고르십시오. `Track 10`

─── 〈보 기〉 ───

가: 뭘 드릴까요?

나: 비빔밥 하나하고 김치찌개 이 인분 주세요.

① 서점 ❷ 식당 ③ 편의점 ④ 백화점

10. **(3점)**

① 가게 ② 학교 ③ 병원 ④ 공항

❷ 화제 찾기 Finding the topic

[토픽Ⅰ 11번 문제]

※ [11~14] 다음은 무엇에 대해 말하고 있습니까? 〈보기〉와 같이 알맞은 것을 고르십시오. Track 11

─────────〈 보 기 〉─────────

가: 동생이 있어요?

나: 아니요. 언니만 있어요.

① 고향   ② 나이   ❸ 가족   ④ 나라

11. **(3점)**
  ① 나이   ② 이름   ③ 직업   ④ 가족

[토픽Ⅰ 12번 문제]

※ [11~14] 다음은 무엇에 대해 말하고 있습니까? 〈보기〉와 같이 알맞은 것을 고르십시오. Track 12

─────────〈 보 기 〉─────────

가: 동생이 있어요?

나: 아니요. 언니만 있어요.

① 고향   ② 나이   ❸ 가족   ④ 나라

12. **(3점)**
  ① 날짜   ② 운동   ③ 여행   ④ 요일

[토픽 I 13번 문제]

※ [11~14] 다음은 무엇에 대해 말하고 있습니까? 〈보기〉와 같이 알맞은 것을 고르십시오.　Track 13

───── 〈보 기〉 ─────

가: 동생이 있어요?

나: 아니요. 언니만 있어요.

① 고향　　　② 나이　　　❸ 가족　　　④ 나라

13. (4점)

① 직업　　　② 휴일　　　③ 취미　　　④ 운동

[토픽 I 14번 문제]

※ [11~14] 다음은 무엇에 대해 말하고 있습니까? 〈보기〉와 같이 알맞은 것을 고르십시오.　Track 14

───── 〈보 기〉 ─────

가: 동생이 있어요?

나: 아니요. 언니만 있어요.

① 고향　　　② 나이　　　❸ 가족　　　④ 나라

14. (3점)

① 시간　　　② 날씨　　　③ 날짜　　　④ 장소

[토픽 I 27번 문제]

※ [27~28] 다음을 듣고 물음에 답하십시오.

27. 두 사람이 무엇에 대해 이야기를 하고 있는지 고르십시오. **(3점)**

　　① 비빔밥을 만드는 방법

　　② 비빔밥을 즐기는 사람들

　　③ 비빔밥을 좋아하는 이유

　　④ 비빔밥에 필요한 재료 준비

❸ 알맞은 그림 찾기 Finding the correct picture

[토픽Ⅰ 15번 문제]

※ [15~16] 다음을 듣고 가장 알맞은 그림을 고르십시오. (각 4점)   Track 16

15.

①    ②

③    ④

[토픽Ⅰ 16번 문제]

※ [15~16] 다음을 듣고 가장 알맞은 그림을 고르십시오. (각 4점)   Track 17

16.

①    ②

③    ④

❹ 중심 생각 찾기 Finding the main idea

[토픽Ⅰ 22번 문제]

※ [22~24] 다음을 듣고 여자의 중심 생각을 고르십시오. (각 3점) `Track 18`

22.　① 혼자 공부하는 것이 좋습니다.

　　　② 마이클 씨와 같이 공부하면 좋겠습니다.

　　　③ 친구들과 같이 공부하는 것이 좋습니다.

　　　④ 수업 시간에 열심히 공부하는 것이 좋습니다.

[토픽Ⅰ 23번 문제]

※ [22~24] 다음을 듣고 여자의 중심 생각을 고르십시오. (각 3점) `Track 19`

23.　① 아프면 쉬는 것이 좋습니다.

　　　② 계속 아프면 병원에 가야 합니다.

　　　③ 병원에 가기 전에 예약을 해야 합니다.

　　　④ 머리가 아프면 약을 먹는 것이 좋습니다.

[토픽 I 24번 문제]

※ **[22~24] 다음을 듣고 <u>여자</u>의 중심 생각을 고르십시오. (각 3점)**

Track 20

24. ① 여행을 많이 다니는 것이 좋습니다.

② 재미있는 여행을 하는 것이 좋습니다.

③ 친구들과 여행을 가는 것이 좋습니다.

④ 혼자 가는 여행의 좋은 점이 있습니다.

[토픽 I 25번 문제]

※ **[25~26] 다음을 듣고 물음에 답하십시오.**

Track 21

25. 여자가 왜 이 이야기를 하고 있는지 고르십시오. **(3점)**

① 세탁기 이용 방법을 안내하려고

② 주민들에게 감사 인사를 하려고

③ 베란다와 화장실 사용 안내를 하려고

④ 공동생활에서 조심해야 하는 것을 알리려고

※ **[29~30] 다음을 듣고 물음에 답하십시오.**　　　　　　　Track 22

29. 남자가 한국말을 배운 이유를 고르십시오. **(3점)**

　　① 한국 친구를 사귀고 싶어서

　　② 한국에 유학을 오고 싶어서

　　③ 한국 문화를 공부하고 싶어서

　　④ 한국 친구들이 중국말을 못해서

2 전체 내용 이해하기 추가 학습
Type 2 Understanding the overall content   Additional learning

❶ 장소와 관련된 표현 expressions related to place

• **백화점** department store

남자: 남자 신발은 어디에 있어요? Where are the men's shoes?

여자: 4층으로 가세요. Go to the 4th floor.

• **시장** market

남자: 가게가 정말 많아요. There are so many stores.

여자: 여기는 백화점보다 싸서 좋아요.
I like it here because it's cheaper than a department store.

• **편의점** convenience store

남자: 음료수는 어디에 있어요? Where are the drinks?

여자: 안쪽 냉장고에 있어요. They're in the refrigerator inside.

• **옷 가게** clothing store

남자: 반바지는 어디에 있어요? Where are the shorts?

여자: 이쪽으로 오세요. Come this way.

• **과일 가게** fruit store

여자: 뭘 드릴까요? What can I get for you?

남자: 사과 5개 주세요. Please give me 5 apples.

• **식당** restaurant

여자: 뭘 드시겠어요? What would you like to eat?

남자: 불고기 2인분 주세요. Please give me 2 servings of bulgogi.

• **공원** park

여자: 꽃이 예뻐요. The flowers are pretty.

남자: 저쪽에 호수도 있어요. There's a lake over there too.

- **극장** theater

  여자: 영화를 좋아해요? Do you like movies?

  남자: 네. 영화 보러 자주 와요. Yes, I come to watch movies often.

- **빨래방** laundromat

  여자: 여기에 자주 와요? Do you come here often?

  남자: 네. 원룸에 세탁기가 없어요. Yes, there's no washing machine in my studio apartment.

- **미용실** hair salon

  여자: 너무 짧지 않게 잘라 주세요. Please don't cut it too short.

  남자: 네. 알겠습니다. Okay, I understand.

- **교실** classroom

  남자: 오늘은 몇 과를 공부해요? What lesson are we studying today?

  여자: 4과예요. 선생님이 오시네요. It's lesson 4. The teacher is coming.

- **도서관** library

  남자: 여기에 자주 와요? Do you come here often?

  여자: 네. 조용하고 책도 많아서 자주 와요.
  Yes, I come here often because it's quiet and there are a lot of books.

- **서점** bookstore

  남자: 무슨 책을 사러 왔어요? What kind of book did you come to buy?

  여자: 한국어 교과서를 사러 왔어요. I came to buy a Korean textbook.

- **운동장** playground

  남자: 축구하는 사람들이 많네요. There are a lot of people playing soccer.

  여자: 네. 운동하러 사람들이 많이 와요. Yes, a lot of people come here to exercise.

- **문구점** stationery store

  남자: 뭘 사러 왔어요? What did you come to buy?

  여자: 필통과 공책을 사러 왔어요. I came to buy a pencil case and a notebook.

- **병원** hospital

  여자: 어디가 아파요? Where does it hurt?

  남자: 어제부터 머리가 너무 아파요. I've had a terrible headache since yesterday.

- **약국** pharmacy

  여자: 식사 후에 약을 드세요. Please take the medicine after meals.

  남자: 네. 알겠습니다. Okay, I understand.

- **은행** bank

  여자: 통장을 만들고 싶어요. I want to open an account.

  남자: 잠깐만 기다리세요. Please wait a moment.

- **우체국** post office

  여자: 미국으로 소포를 보내려고 해요. I want to send a parcel to the US.

  남자: 여기에 올리세요. Please put it on the scale.

- **공항** airport

  여자: 비행기가 몇 시에 도착해요? What time does the plane arrive?

  남자: 5시에요. 곧 도착할 거예요. At 5 o'clock. It will be arriving soon.

- **역** station

  여자: 지하철이 언제 와요? When does the subway come?

  남자: 지금 오네요. It's coming now.

- **정류장** bus stop

  여자: 이 버스는 시청에 가요? Does this bus go to City Hall?

  남자: 아니요. 가지 않아요. No, it doesn't.

❷ 일상 화제와 관련된 표현 expressions related to daily topic

- **가족 family**: 할아버지 grandfather, 할머니 grandmother, 아버지 father, 어머니 mother, 형 older brother, 누나 older sister, 오빠 older brother (used by females), 언니 older sister (used by females), 동생 younger sibling

  남자: 부모님이 어디에 계세요? Where are your parents?

  여자: 아버지는 미국에 계세요. 어머니는 지금 한국에 계세요.
  　　　My father is in USA. My mother is currently in Korea.

- **친척 relatives**: 삼촌 uncle, 숙모 aunt, 고모 paternal aunt, 이모 maternal aunt, 사촌 cousin

  남자: 삼촌이 있어요? Do you have an uncle?

  여자: 네. 삼촌이 두 명 있어요. Yes, I have two uncles.

- **직업 occupation**: 회사원 office worker, 은행원 bank teller, 의사 doctor, 간호사 nurse, 선생님 teacher, 가수 singer, 요리사 chef

  남자: 회사원이에요? Are you an office worker?

  여자: 아니요. 저는 은행원이에요. No. I'm a bank teller.

- **국적 nationality**: 미국 USA, 영국 England, 일본 Japan, 중국 China, 태국 Thailand, 호주 Australia, 베트남 Vietnam, 프랑스 France

  남자: 어느 나라 사람이에요? What country are you from?

  여자: 영국 사람이에요. I'm from England.

- **날짜 date**: 년 year, 월 month, 일 day

  여자: 오늘이 몇 월 며칠이에요? What's the date today?

  남자: 오늘은 3월 5일이에요. Today is March 5th.

- **요일 days of the week**: 월요일 Monday, 화요일 Tuesday, 수요일 Wednesday, 목요일 Thursday, 금요일 Friday, 토요일 Saturday, 일요일 Sunday

  여자: 오늘이 무슨 요일이에요? What day is it today?

  남자: 오늘은 금요일이에요. Today is Friday.

- **시간 time**: 시 hour, 분 minute

  여자: 지금 몇 시예요? What time is it now?

  남자: 2시 10분이에요. It's 2:10.

- **휴일** holidays: 방학 vacation, 휴가 holiday

  여자: 7월은 수업이 없어요. There are no classes in July.

  남자: 방학이에요? Is it vacation?

- **운동** exercise

  남자: 수영을 자주 해요? Do you swim often?

  여자: 네. 가끔 테니스도 쳐요. Yes, I do. Sometimes I play tennis too.

- **여행** travel

  남자: 방학 때 어디에 갈 거예요? Where are you going during vacation?

  여자: 친구들과 제주도에 갈 거예요. I'm going to Jeju Island with my friends.

- **쇼핑** shopping

  남자: 신발이 예뻐요. Your shoes are pretty.

  여자: 어제 샀어요. 값도 싸고 좋아요. I bought them yesterday. They were cheap and nice.

- **음악** music

  남자: 한국 노래를 좋아하세요? Do you like Korean songs?

  여자: 네. 저는 한국 노래가 정말 좋아요. Yes, I really like Korean songs.

- **계절** seasons: 봄 spring, 여름 summer, 가을 autumn, 겨울 winter

  여자: 저는 봄과 가을이 좋아요. I like spring and autumn.

  남자: 저는 겨울을 좋아해요. 눈이 좋아요. I like winter. I like snow.

- **날씨₁** weather: 따뜻하다 to be warm, 덥다 to be hot, 선선하다 to be cool, 춥다 to be cold

  여자: 마이클 씨 고향도 여름에 이렇게 더워요?

  　　　Is it this hot in your hometown, Michael, in the summer too?

  남자: 아니요. 제 고향은 별로 덥지 않아요. No, it's not very hot in my hometown.

- **날씨₂** weather: 맑다 to be clear, 흐리다 to be cloudy, 비가 오다 to be rainy, 눈이 오다 to be snowy, 바람이 불다 to be windy

  여자: 요즘은 계속 비가 와요. It's been raining continuously these days.

  남자: 오늘은 바람도 많이 불어서 좀 추워요. It's a bit cold today because it's windy too.

• 예약 및 약속 reservations and appointments

남자: 이번 주 토요일 저녁 식사를 예약하고 싶은데요.

    I'd like to make a reservation for dinner this Saturday evening.

여자: 모두 몇 분이세요? How many people will be in your party?

남자: 5명입니다. 5시에 창가 자리로 예약이 가능한가요?

    Five. Is it possible to reserve a table by the window at 5 o'clock?

여자: 잠시만 기다려 주세요. 아… 창가 자리는 없는데요.

    Please wait a moment. Ah... there are no tables available by the window.

남자: 그럼, 좀 조용한 자리로 예약 부탁합니다. Then, please reserve a quiet table for us.

여자: 네. 알겠습니다. 이름과 전화번호를 알려 주세요.

    Okay, I understand. Please tell me your name and phone number.

• 공부 studying

남자: 열심히 공부했지만 쓰기 시험 성적이 너무 나빠요.

    I studied hard, but my writing test score is really bad.

여자: 쓰기 시험이 어려웠어요? Was the writing test difficult?

남자: 단어가 좀 어려웠어요. 날마다 새로운 단어를 계속 쓰면서 외우는데 잘 안 돼요.

    The vocabulary was a bit difficult. I keep memorizing new words by writing them down every day, but it's not working well.

여자: 단어를 외우는 것이 힘들지요. 단어 공부를 어떻게 해요?

    It's hard to memorize vocabulary, isn't it? How do you study vocabulary?

남자: 계속 공책에 단어를 쓰면서 외워요. 그런데 며칠이 지나면 다 잊어버려요.

    I keep writing the words in my notebook to memorize them. But after a few days, I forget them all.

여자: 단어를 외울 때 문장으로 공부하는 것은 어때요? How about studying vocabulary in sentences?

❸ 위치와 관련된 표현 expressions related to location

- **앞/뒤** front/back

  남자: 학생회관이 어디에 있어요? Where is the student union building?

  여자: 도서관 앞에 있어요. It's in front of the library.

- **위/아래(밑)** above/below

  남자: 가방이 어디에 있어요? Where is the bag?

  여자: 책상 위에 있어요. It's on the desk.

- **안/밖** inside/outside

  남자: 공책이 어디에 있어요? Where is the notebook?

  여자: 가방 안에 있어요. It's inside the bag.

- **옆** next to

  남자: 식당이 어디에 있어요? Where is the restaurant?

  여자: 우체국 옆에 있어요. It's next to the post office.

- **여기/저기/거기** here/there/over there

  남자: 청바지 좀 보여 주세요. Please show me some jeans.

  여자: 여기 있습니다. Here they are.

- **지하철** subway: 역 station, _호선 line __, 노선도 route map

  여자: 다음 역에서 내려서 2호선으로 갈아타야 해요.
  We need to get off at the next station and transfer to line 2.

  남자: 네. 알겠어요. Okay, I got it.

- **버스** bus: 정류장 bus stop, _번 bus number __

  여자: 이 버스가 시청 앞으로 가요? Does this bus go to City Hall?

  남자: 네. 타세요. Yes, get on.

- **기차** train: 역 train station, _호차 car number __

  여자: 어서 오세요. Welcome.

  남자: 부산에 가는 2시 기차표를 주세요. I'd like a ticket for the 2 o'clock train to Busan, please.

- **비행기** airplane : 공항 airport

  여자: 아직 우리 가방이 안 나왔어요? Our bags haven't come out yet?

  남자: 아, 저기 우리 가방이 나오네요. Oh, there are our bags coming out.

- **택시** taxi

  여자: 손님, 어디로 가세요? Where to, sir?

  남자: 시청으로 가 주세요. Please take me to City Hall.

❹ 일상생활 관련 표현 expressions related to daily life

- **학교 생활** school life: 공부하다 to study, 수업을 듣다 to attend class, 복습하다 to review, 예습하다 to preview, 숙제하다 to do homework, 시험을 보다 to take an exam

  여자: 날마다 한국어 수업이 있어요? Do you have Korean class every day?

  남자: 네. 날마다 4시간씩 한국어 수업을 들어요. 매일 숙제도 있어요.
        Yes, I have Korean class for 4 hours every day. I also have homework every day.

  여자: 숙제는 복습이 되니까 도움이 되지요. Homework helps with review, right?

  남자: 맞아요. 숙제를 하면 배운 내용을 잘 이해할 수 있어요.
        That's right. Doing homework helps me understand what I've learned.

- **회사 생활** work life: 출근하다 to commute to work, 퇴근하다 to leave work, 일하다 to work, 회의하다 to have a meeting, 야근하다 to work overtime

  여자: 보통 몇 시에 출근해요? What time do you usually go to work?

  남자: 9시까지 출근해야 해요. 저는 보통 8시 반쯤에 출근해요.
        I have to be at work by 9 o'clock. I usually go to work around 8:30.

  여자: 일찍 출근해서 하루를 준비하는 것이 좋은 것 같아요. 몇 시에 퇴근해요?
        I think it's good to go to work early and prepare for the day. What time do you leave work?

  남자: 6시에 퇴근해요. 일이 많으면 조금 늦게 퇴근해요.
        I leave work at 6 o'clock. If there's a lot of work, I leave a little later.

- **증상** symptoms: 배가 아프다 to have a stomachache, 열이 나다 to have a fever, 기침을 하다 to cough, 콧물이 나다 to have a runny nose, 낫다 to be getting better

  여자: 언제부터 기침이 심했어요? Since when has your cough been severe?

  남자: 어제부터요. 괜찮을 거예요. Since yesterday. I'll be fine.

  여자: 요즘 기침감기가 유행이에요. 따뜻한 물을 많이 드세요.
        A coughing cold is going around these days. Drink plenty of warm water.

  남자: 네. 내일도 많이 아프면 병원에 가야겠어요. Okay. If I still feel bad tomorrow, I'll go to the hospital.

- **약** medicine: 약을 먹다 to take medicine, 소화제 digestive medicine, 진통제 painkiller, 영양제 nutritional supplements, 해열제 fever reducer

  여자: 열이 많이 나요. You have a high fever.

  남자: 네. 좀 쉬어야겠어요. Yes. I need to rest a bit.

  여자: 해열제를 먹고 쉬세요. Take a fever reducer and rest.

  남자: 죄송하지만 해열제를 사 주시겠어요? I'm sorry, but could you buy me some fever reducer?

- **건강한 생활** healthy lifestyle: 운동하다 to exercise, 쉬다 to rest, 식사하다 to eat, 잠을 자다 to sleep

  여자: 요즘 건강이 안 좋아서 걱정이에요. I'm worried because I haven't been feeling well lately.

  남자: 잘 먹고 잘 쉬는 게 중요해요. It's important to eat well and rest well.

  여자: 그것보다 너무 운동을 안 해서 그런 것 같아요. I think it's because I don't exercise enough.

  남자: 식사도 규칙적으로 하세요. Eat regularly too.

- **여행** travel: 여행을 가다 to go on a trip, 예매하다 to book, 예약하다 to make a reservation, 짐을 싸다 to pack luggage, 사진을 찍다 to take pictures, 계획을 세우다 to make a plan

  남자: 여행 계획을 세웠어요? Have you made your travel plans?

  여자: 저는 여행 갈 때 계획을 세우지 않아요. I don't make plans when I travel.

  남자: 계획이 있어야 시간을 잘 쓸 수 있지요. You need a plan to make good use of your time.

  여자: 여행은 쉬러 가는 거니까 계획이 없어도 돼요. Travel is for relaxation, so it's okay not to have a plan.

- **공연 및 전시** performance and exhibition: 춤을 추다 to dance, 노래하다 to sing, 연기하다 to act, 그림을 그리다 to draw, 공연장 concert hall, 전시장 exhibition hall

  남자: 요즘 가수들은 춤을 정말 잘 추는 것 같아요. I think singers these days are really good at dancing.

  여자: 춤을 잘 추는 가수들이 왜 인기가 있는지 모르겠어요.
  I don't know why singers who are good at dancing are popular.

  남자: 춤을 잘 추니까 공연이 재미있잖아요. The performance is fun because they dance well.

  여자: 저는 가수들은 노래만 잘하면 된다고 생각해요. I think singers just need to be good at singing.

- **쇼핑** shopping: 구경하다 to window shopping, 사다 to buy, 팔다 to sell, 백화점 department store, 시장 market

  남자: 수미 씨는 보통 어디에서 쇼핑을 해요? Where do you usually shop, Sumi?

  여자: 저는 인터넷으로 쇼핑을 해요. I usually shop online.

  남자: 환불하거나 교환하기가 불편하지 않아요? Isn't it inconvenient to return or exchange items?

  여자: 전혀 그렇지 않아요. 인터넷 쇼핑이 정말 편해요. Not at all. Online shopping is really convenient.

- **행사 안내 방송** event announcement

  여자: (딩동댕) 잠시 안내 말씀드립니다. 오늘은 5월 5일 어린이날입니다. 저희 놀이공원에서는 오후 2시부터 어린이 그림 그리기 대회를 합니다. 그림 그리기 대회에 참가하실 분은 1시 30분까지 신청해 주십시오. 감사합니다. (딩동댕)

  (Ding Dong Dang) We have a brief announcement. Today is May 5th, Children's Day. Our amusement park will be holding a children's drawing contest from 2 p.m. today. Those who wish to participate in the drawing contest, please apply by 1:30 p.m. Thank you. (Ding Dong Dang)

• 회사 안내 방송 company announcement

여자: (딩동댕) 잠시 안내 말씀드립니다. 내일 금요일 오전 8시부터 오후 8시까지 주차장 청소를 합니다. 청소 기간 동안 주차장을 사용할 수 없습니다. 1년에 한 번 하는 주차장 청소입니다. 자세한 일정은 홈페이지를 확인해 주십시오. 감사합니다. (딩동댕)

(Ding Dong Dang) We have a brief announcement. Tomorrow, Friday, from 8 a.m. to 8 p.m., we will be cleaning the parking lot. The parking lot will not be available during the cleaning period. This is the annual parking lot cleaning. For detailed schedules, please check the website. Thank you. (Ding Dong Dang)

• 쇼핑센터 안내 방송 shopping center announcement

여자: (딩동댕) 오늘도 저희 백화점을 찾아 주신 고객 여러분께 진심으로 감사드립니다. 오늘도 즐거운 쇼핑이 되셨는지요? 10분 후에 저희 백화점은 문을 닫습니다. 고객 여러분, 감사합니다. 안녕히 가십시오. (딩동댕)

(Ding Dong Dang) We sincerely thank all of our customers who visited our department store today. We hope you had a pleasant shopping experience today. Our department store will be closing in 10 minutes. Thank you for your patronage. Goodbye. (Ding Dong Dang)

• 교통 안내 방송 transportation announcements

여자: (딩동댕) 이번 역은 서울역, 서울역입니다. 내리실 문은 오른쪽입니다. 지하철 1호선과 4호선으로 갈아타실 분은 이번 역에서 내리시기 바랍니다. 기차를 타실 분도 이번 역에서 내리시기 바랍니다. 가시는 목적지까지 안녕히 가십시오. 감사합니다. (딩동댕)

(Ding Dong Dang) This stop is Seoul Station, Seoul Station. The doors will open on the right. If you are transferring to subway line 1 or line 4, please get off at this station. Passengers taking the train should also get off at this station. We wish you a safe journey to your destination. Thank you. (Ding Dong Dang)

• 수상 소감 award acceptance speech

여자: 올해 한국어 쓰기 대회에서 1등 하신 것을 축하합니다.
Congratulations on winning first place in this year's Korean Writing Contest.

남자: 감사합니다. 생각도 못 했는데 이렇게 큰 상을 받아서 기쁩니다.
Thank you. I didn't expect to receive such a big award, so I'm very happy.

여자: 어떻게 하면 글을 잘 쓸 수 있습니까? How can I write well?

남자: 저는 한국어를 배울 때 날마다 일기를 썼어요. 즐거운 일, 행복한 일 그리고 슬픈 일 등 모두 일기에 썼어요.
I wrote a diary every day when I was learning Korean. I wrote everything in my diary, including happy things, joyful things, and sad things.

여자: 일기를 쓴 것이 도움이 되었군요. So writing a diary helped.

남자: 그런 것 같아요. I think so.

● **인터뷰** interview

여자: 안녕하세요? 김민수 씨, 반갑습니다. 이번 드라마가 아주 인기가 많습니다.

Hello, Mr. Kim Minsu. Nice to meet you. Your recent drama is very popular.

남자: 네. 정말 감사합니다. Yes, thank you very much.

여자: 이번 드라마가 축구 선수들의 이야기이지요? 축구를 잘해서 깜짝 놀랐어요. 언제 축구를 배우셨어요?

This drama is about soccer players, right? I was surprised that you're so good at soccer. When did you learn to play soccer?

남자: 사실 중학교 때 축구 선수였어요. 고등학교 때 다리를 다쳐서 운동을 그만두었는데 이번에 드라마를 하면서 다시 축구 연습을 했어요.

Actually, I was a soccer player in middle school. I injured my leg in high school and had to stop playing, but I practiced soccer again for this drama.

여자: 그랬군요. I see.

남자: 주위에 있는 분들이 많이 도와주셨어요. The people around me helped me a lot.

세부 내용 이해하기

Type 3 Understanding specific details

풀이 전략

Explanation strategy

---

❶ 대화의 내용 이해하기 Understanding the content of the conversation

듣기 17, 18, 19, 20, 21번 문제

- 두 사람의 대화를 정확하게 이해해야 한다.
  You need to understand the conversation between the two people accurately.
- 남자의 이야기와 여자의 이야기를 정확하게 구별해야 한다.
  You need to accurately distinguish between the man's story and the woman's story.

듣기 28번 문제

- 두 사람이 무엇에 대해 이야기를 하는지 알아야 한다.
  You need to understand what the two people are talking about.
- 세부적인 내용을 정확하게 이해해야 한다.
  You need to accurately understand the specific details.

듣기 30번 문제

- 무엇에 대한 이야기인지 알아야 한다.
  You need to understand what the conversation is about.
- 두 사람이 구체적으로 무슨 이야기를 하는지 알아야 한다.
  You need to know specifically what the two people are talking about.

---

❷ 안내 방송의 내용 이해하기 Understanding the content of announcements

듣기 26번 문제

- 안내 방송의 내용을 구체적으로 잘 이해해야 한다.
  You need to understand the specific details of the announcement.
- 안내 방송에 자주 나오는 단어를 알아야 한다.
  You need to know the words that frequently appear in announcements.

세부 내용 이해하기   연습 문제
Type 3 Understanding specific details   Exercise

❶ 대화의 내용 이해하기 Understanding the content of the conversation

[토픽Ⅰ 17번 문제]

※ **[17~21] 다음을 듣고 〈보기〉와 같이 대화 내용과 같은 것을 고르십시오. (각 3점)**   `Track 23`

〈 보 기 〉

여자: 무슨 운동을 자주 해요?

남자: 저는 축구를 자주 합니다. 가끔 야구도 해요.

① 여자는 운동을 좋아합니다.   ② 여자는 축구를 좋아합니다.

❸ 남자는 자주 운동을 합니다.   ④ 남자는 야구를 좋아하지 않습니다.

17. ① 남자는 휴가 때 여행을 갔습니다.   ② 남자는 휴가 때 집에서 쉬었습니다.

     ③ 여자는 휴가 때 제주도에 갔습니다.   ④ 여자는 휴가 때 친구들을 만났습니다.

[토픽Ⅰ 18번 문제]

※ **[17~21] 다음을 듣고 〈보기〉와 같이 대화 내용과 같은 것을 고르십시오. (각 3점)**   `Track 24`

〈 보 기 〉

여자: 무슨 운동을 자주 해요?

남자: 저는 축구를 자주 합니다. 가끔 야구도 해요.

① 여자는 운동을 좋아합니다.   ② 여자는 축구를 좋아합니다.

❸ 남자는 자주 운동을 합니다.   ④ 남자는 야구를 좋아하지 않습니다.

18. ① 여자는 요리를 잘합니다.   ② 여자는 외식을 많이 합니다.

     ③ 남자는 요리하는 것이 귀찮습니다.   ④ 남자는 날마다 집에서 음식을 만듭니다.

[토픽 I 19번 문제]

※ [17~21] 다음을 듣고 〈보기〉와 같이 대화 내용과 같은 것을 고르십시오. (각 3점) Track 25

─── 〈보 기〉 ───

여자: 무슨 운동을 자주 해요?

남자: 저는 축구를 자주 합니다. 가끔 야구도 해요.

① 여자는 운동을 좋아합니다.　② 여자는 축구를 좋아합니다.

❸ 남자는 자주 운동을 합니다.　④ 남자는 야구를 좋아하지 않습니다.

19. ① 남자는 영화표를 미리 살 겁니다.　② 남자는 편의점 앞에서 여자를 만날 겁니다.

③ 여자는 토요일 오후에 아르바이트를 합니다.　④ 여자는 토요일 오후 3시에 남자와 만날 겁니다.

[토픽 I 20번 문제]

※ [17~21] 다음을 듣고 〈보기〉와 같이 대화 내용과 같은 것을 고르십시오. (각 3점) Track 26

─── 〈보 기〉 ───

여자: 무슨 운동을 자주 해요?

남자: 저는 축구를 자주 합니다. 가끔 야구도 해요.

① 여자는 운동을 좋아합니다.　② 여자는 축구를 좋아합니다.

❸ 남자는 자주 운동을 합니다.　④ 남자는 야구를 좋아하지 않습니다.

20. ① 여자는 경영학을 전공했습니다.　② 여자는 한국 회사에 다니고 있습니다.

③ 남자는 졸업하고 취직하고 싶어 합니다.　④ 남자는 대학원에서 경영학을 공부했습니다.

※ [17~21] 다음을 듣고 〈보기〉와 같이 대화 내용과 같은 것을 고르십시오. (각 3점)   `Track 27`

─────── 〈 보 기 〉 ───────

> 여자: 무슨 운동을 자주 해요?
>
> 남자: 저는 축구를 자주 합니다. 가끔 야구도 해요.
>
> ① 여자는 운동을 좋아합니다.   ② 여자는 축구를 좋아합니다.
>
> ❸ 남자는 자주 운동을 합니다.   ④ 남자는 야구를 좋아하지 않습니다.

21. ① 여자는 식당을 예약했습니다.   ② 여자는 행복 식당에 가고 싶어 합니다.
　　 ③ 남자는 혼자 식사하려고 예약을 합니다.   ④ 남자는 토요일에 행복 식당에 갈 겁니다.

※ [27~28] 다음을 듣고 물음에 답하십시오.   `Track 28`

28. 들은 내용과 같은 것을 고르십시오. **(4점)**
　　 ① 남자는 온라인으로 물건을 자주 삽니다.
　　 ② 여자의 동생은 고등학교를 졸업했습니다.
　　 ③ 여자는 온라인으로 컴퓨터를 살 것입니다.
　　 ④ 컴퓨터는 온라인보다 매장에서 사는 것이 쌉니다.

[토픽 I 30번 문제]

※ [29~30] 다음을 듣고 물음에 답하십시오.

Track 29

30. 들은 내용과 같은 것을 고르십시오. **(4점)**

　① 남자는 회사에 다닌 적이 있습니다.

　② 남자는 대학교 때부터 소설가가 되고 싶었습니다.

　③ 남자는 무역회사 일이 너무 힘들어서 그만두었습니다.

　④ 남자의 가족들은 남자가 회사를 그만두는 것을 좋아했습니다.

❷ 안내 방송의 내용 이해하기 Understanding the content of announcements

[토픽 I 26번 문제]

※ [25~26] 다음을 듣고 물음에 답하십시오.

Track 30

26. 들은 내용과 같은 것을 고르십시오. **(4점)**

　① 화장실은 건물 밖에 있습니다.

　② 화장실에서 담배를 피워도 됩니다.

　③ 담배를 피우려면 건물 밖으로 나가야 합니다.

　④ 건물 안에 담배를 피울 수 있는 곳이 있습니다.

• **휴가** vacation   듣기 17번

저는 아직 휴가 계획을 세우지 않았어요. I haven't made any vacation plans yet.

• **여행** travel   듣기 17번

요즘 해외여행을 가는 사람이 많아서 공항이 복잡해요.
The airport is crowded these days because many people are traveling abroad.

• **푹** deeply   듣기 17번

시험이 끝났으니까 오늘은 푹 쉬어야겠어요. Since the exams are over, I should get some good rest today.

• **쉬다** to rest   듣기 17번

쉬는 시간에 편의점에 갔다 왔어요. I went to the convenience store during break time.

• **요리하다** to cook   듣기 18번

저는 요리하는 것을 좋아해서 자주 음식을 만들어요. I like cooking, so I often make food.

• **귀찮다** to be troublesome   듣기 18번

청소하는 것이 귀찮아서 잘 안 해요. I don't clean often because it's troublesome.

• **거의** almost   듣기 18번

이제 거의 다 왔어요. 조금만 기다려 주세요. We're almost there. Please wait a little longer.

• **돈이 들다** to cost money   듣기 18번

유학을 가면 돈이 많이 들겠지요? Studying abroad will cost a lot of money, won't it?

• **영화** movie   듣기 19번

주말에 친구와 같이 영화를 보러 가기로 했어요.
I promised to go see a movie with my friend this weekend.

• **편의점** convenience store   듣기 19번

집 앞에 편의점이 있어서 정말 편해요.
It's really convenient to have a convenience store in front of my house.

• **표** ticket 듣기 19번

표를 사지 못해서 콘서트를 못 봤어요. I couldn't see the concert because I couldn't buy a ticket.

• **예매하다** to book in advance 듣기 19번

주말에 가려면 표를 미리 예매해야 해요.
If you want to go on the weekend, you need to book tickets in advance.

• **졸업하다** to graduate 듣기 20번

대학교를 졸업한 지 4년 되었어요. It's been 4 years since I graduated from university.

• **취직하다** to get a job 듣기 20번

대학교를 졸업하면 무역 회사에 취직하고 싶어요.
I want to get a job at a trading company after I graduate from university.

• **전공하다** to major in 듣기 20번

저는 신문방송학을 전공해서 방송국에서 일하는 게 꿈이에요.
I majored in journalism and broadcasting, so my dream is to work at a broadcasting station.

• **입학하다** to enter 듣기 20번

한국말을 열심히 공부해서 한국 대학교에 입학하고 싶어요.
I want to study Korean hard and enter a Korean university.

• **점심** lunch 듣기 21번

저는 보통 12시에 점심을 먹어요. I usually eat lunch at 12 o'clock.

• **예약하다** to make a reservation 듣기 21번

제가 지난주에 호텔을 예약했어요. I made a hotel reservation last week.

• **창가** window seat 듣기 21번

부산으로 가는 12시 기차표 한 장 주세요. 창가 자리로 주세요.
Please give me one ticket for the 12 o'clock train to Busan. A window seat, please.

• **가능하다** to be possible 듣기 21번

일주일 안에 오셔야 교환이 가능합니다.
You must come within a week for an exchange to be possible.

● **결정하다** to decide 듣기 28번

대학원에 갈지 취직할지 아직 결정하지 못했어요.

I haven't decided yet whether to go to graduate school or get a job.

● **편하다** to be comfortable 듣기 28번

이 운동화가 편해서 자주 신어요.

These sneakers are comfortable, so I wear them often.

● **직접** directly 듣기 28번

민수 씨에게 직접 이야기하는 것이 좋을 것 같아요.

I think it would be better to talk to Minsu directly.

● **비교하다** to compare 듣기 28번

저는 물건을 살 때 값을 비교해 보고 사요.

When I buy things, I compare prices before buying.

● **매장** store 듣기 28번

백화점 1층에 보통 화장품 매장들이 있어요.

Department stores usually have cosmetic stores on the first floor.

● **취직** getting a job 듣기 30번

대학교를 졸업하고 무역회사에 취직했습니다.

I graduated from university and got a job at a trading company.

● **그만두다** to quit 듣기 30번

공부할 것이 많아서 아르바이트를 그만두었습니다.

I quit my part-time job because I had a lot to study.

● **반대하다** to oppose 듣기 30번

처음에는 부모님이 반대하셨지만 지금은 많이 도와주고 계십니다.

At first, my parents were opposed, but now they are helping me a lot.

● **꿈** dream 듣기 30번

어렸을 때는 운동선수가 되는 것이 제 꿈이었습니다.

When I was young, my dream was to become an athlete.

- **포기하다** to give up   듣기 30번

힘들어도 포기하지 말고 끝까지 하십시오.
Don't give up even if it's hard, and keep going until the end.

- **안내** announcement   듣기 26번

한국은 아파트에서 자주 안내 방송을 한다.
In Korea, announcements are frequently made in apartment buildings.

- **건물** building   듣기 26번

오늘부터 우리 건물의 유리 청소를 합니다.
We will be cleaning the windows of our building starting today.

- **담배를 피우다** to smoke   듣기 26번

요즘 담배를 피우는 학생들이 많아서 문제가 되고 있다.
The increasing number of students smoking these days is becoming a problem.

- **벌금** fine   듣기 26번

나는 지난주에 과속운전을 해서 벌금을 냈다. I got a fine last week for speeding.

읽기 시험 준비 How to prepare for the reading test

01 읽기 시험 파악하기 Understanding the reading test

읽기 시험 문제는 대부분 지문을 읽고 풀어야 하므로 글을 읽고 문맥을 파악할 수 있어야 한다. TOPIK I 읽기 문제는 PBT의 경우 초급 수준의 읽기 40문항을 60분 안에 풀어야 한다.

Most reading test questions require you to read a passage and understand the context, so you need to be able to read and comprehend the text. The TOPIK I reading test (PBT) consists of 40 beginner-level reading questions that must be completed within 60 minutes.

02 읽기 문제 유형 학습하기 Learning the reading question types

읽기 문제는 알맞은 표현(동사, 명사, 형용사, 부사, 조사, 접속사, 연결어미, 문형) 찾기, 주제 및 중심 내용 등 전체 내용 이해하기, 글의 세부적인 내용 이해하기, 글의 순서 파악하기 등의 문제가 출제된다.

Reading questions include finding appropriate expressions (verbs, nouns, adjectives, adverbs, particles, conjunctions, connective endings, sentence patterns), understanding the overall content such as the topic and main idea, understanding the specific details of the text, and understanding the order of the text.

03 표현 및 문법 익히기 Learning expressions and grammar

읽기 시험에서는 내용 이해와 더불어 문맥에 맞는 문법 표현이나 어휘를 적절하게 사용할 수 있는지 확인하는 문제가 출제된다. 어휘 간의 유사한 표현이나 반대 표현, 문장 구조도 잘 이해해야 한다.

In addition to comprehension, the reading test includes questions that check whether you can appropriately use grammatical expressions or vocabulary that fit the context. You also need to understand similar or opposite expressions between vocabulary words and sentence structures.

04 읽기 지문 복습하기 Reviewing reading passages

부록에 실린 〈읽기 지문〉을 다시 한번 복습하면서 다양한 글을 접하고 익히는 것이 중요하다. 지문 내용에서 모르는 어휘나 표현은 추가적으로 학습한다.

It is important to review the <Reading Passages> in the appendix again and become familiar with various texts. If there are any unfamiliar vocabulary or expressions in the passage content, study them additionally.

1 알맞은 표현 찾기
Type 1 Finding the appropriate expression

풀이 전략
Explanation strategy

❶ 알맞은 동사 찾기 Finding the appropriate verb

읽기 34, 36번 문제

- 무엇에 대한 내용인지 이해해야 한다.
  You need to understand what the content is about.

- 목적어와 어울리는 동사를 알아야 한다.
  You need to know verbs that go well with the object.

❷ 알맞은 명사 찾기 Finding the appropriate noun

읽기 35번 문제

- 무엇에 대한 내용인지 이해해야 한다.
  You need to understand what the content is about.

- 동사와 어울리는 명사를 알아야 한다.
  You need to know nouns that go well with verbs.

❸ 알맞은 형용사 찾기 Finding the appropriate adjective

읽기 37번 문제

- 무엇에 대한 내용인지 이해해야 한다.
  You need to understand what the content is about.

- 내용에 어울리는 형용사를 알아야 한다.
  You need to know adjectives that fit the context.

❹ 알맞은 부사 찾기 Finding the appropriate adverb

읽기 38번 문제

- 무엇에 대한 내용인지 이해해야 한다.
  You need to understand what the content is about.

- 내용에 어울리는 부사를 알아야 한다.
  You need to know adverbs that fit the context.

❺ 알맞은 조사 찾기 Finding the appropriate particle

읽기 39번 문제

- 무엇에 대한 내용인지 이해해야 한다.
  You need to understand what the content is about.

- 내용에 어울리는 조사를 알아야 한다.
  You need to know the appropriate particle that fits the context.

❻ 알맞은 접속사 찾기 Finding the appropriate conjunction

읽기 49번 문제
- ● 무엇에 대한 내용인지 이해해야 한다.
  You need to understand what the content is about.

- ● 내용에 어울리는 접속사를 알아야 한다.
  You need to know the appropriate conjunction that fits the context.

❼ 알맞은 연결어미 찾기 Finding the appropriate connective ending

읽기 51번 문제
- ● 무엇에 대한 내용인지 이해해야 한다.
  You need to understand what the content is about.

- ● 내용에 어울리는 연결어미의 의미를 알아야 한다.
  You need to know the meaning of the connective ending that fits the context.

❽ 알맞은 문형 찾기 Finding the appropriate sentence pattern

읽기 53, 65번 문제
- ● 무엇에 대한 내용인지 이해해야 한다.
  You need to understand what the content is about.

- ● 내용에 어울리는 문형의 의미를 알아야 한다.
  You need to understand the meaning of the sentence pattern that fits the context.

❶ 알맞은 동사 찾기 Finding the appropriate verb

[토픽 I 34번 문제]

※ [34~39] 〈보기〉와 같이 (   )에 들어갈 말로 가장 알맞은 것을 고르십시오.

────── 〈 보 기 〉 ──────

눈이 나쁩니다. (   )을 씁니다.

① 신발   ② 우산   ❸ 안경   ④ 지갑

34. **(2점)**

노래를 (   ). 아주 재미있습니다.

① 봅니다   ② 삽니다   ③ 먹습니다   ④ 부릅니다

[토픽 I 36번 문제]

※ [34~39] 〈보기〉와 같이 (   )에 들어갈 말로 가장 알맞은 것을 고르십시오.

────── 〈 보 기 〉 ──────

눈이 나쁩니다. (   )을 씁니다.

① 신발   ② 우산   ❸ 안경   ④ 지갑

36. **(2점)**

저는 요리사입니다. 식당에서 음식을 (   ).

① 봅니다   ② 삽니다   ③ 만듭니다   ④ 읽습니다

❷ 알맞은 명사 찾기 Finding the appropriate noun

[토픽Ⅰ 35번 문제]

※ [34~39] 〈보기〉와 같이 (　　)에 들어갈 말로 가장 알맞은 것을 고르십시오.

─── 〈보 기〉 ───

눈이 나쁩니다. (　　)을 씁니다.

① 신발　　　　　② 우산　　　　　❸ 안경　　　　　④ 지갑

35. (2점)

배우를 좋아합니다. 매일 (　　)를 봅니다.

① 축구　　　　　② 노래　　　　　③ 사과　　　　　④ 드라마

❸ 알맞은 형용사 찾기 Finding the appropriate adjective

[토픽Ⅰ 37번 문제]

※ [34~39] 〈보기〉와 같이 (　　)에 들어갈 말로 가장 알맞은 것을 고르십시오.

─── 〈보 기〉 ───

눈이 나쁩니다. (　　)을 씁니다.

① 신발　　　　　② 우산　　　　　❸ 안경　　　　　④ 지갑

37. (3점)

저는 요즘 (　　). 일이 적습니다.

① 힘듭니다　　　② 바쁩니다　　　③ 한가합니다　　　④ 외롭습니다

❹ 알맞은 부사 찾기 Finding the appropriate adverb

[토픽 I 38번 문제]

※ [34~39] 〈보기〉와 같이 (   )에 들어갈 말로 가장 알맞은 것을 고르십시오.

─── 〈보 기〉 ───

눈이 나쁩니다. (   )을 씁니다.

① 신발   ② 우산   ❸ 안경   ④ 지갑

38. **(3점)**

조금만 기다리십시오. (   ) 도착합니다.

① 금방   ② 매우   ③ 아까   ④ 잠깐

❺ 알맞은 조사 찾기 Finding the appropriate particle

[토픽 I 39번 문제]

※ [34~39] 〈보기〉와 같이 (   )에 들어갈 말로 가장 알맞은 것을 고르십시오.

─── 〈보 기〉 ───

눈이 나쁩니다. (   )을 씁니다.

① 신발   ② 우산   ❸ 안경   ④ 지갑

39. **(2점)**

오늘 약속이 있습니다. 친구(   ) 만납니다.

① 를   ② 도   ③ 부터   ④ 에게

❻ 알맞은 접속사 찾기 Finding the appropriate conjunction

[토픽Ⅰ 49번 문제]

※ [49~50] 다음을 읽고 물음에 답하십시오. (각 2점)

> 저는 편의점에서 일합니다. 휴일에도 일하지만 월요일에는 쉽니다. 제가 일하는 편의점은 버스정류장 근처에 있습니다. 매일 손님이 많습니다. 아침에는 김밥을 사는 사람이 많습니다. (㉠) 커피를 사는 사람도 많습니다. 일이 힘들지만 손님들이 친절하게 인사할 때 기분이 좋습니다.

49. ㉠에 들어갈 말로 가장 알맞은 것을 고르십시오.

① 그래서   ② 그리고   ③ 하지만   ④ 그러면

❼ 알맞은 연결어미 찾기 Finding the appropriate connective ending

[토픽Ⅰ 51번 문제]

※ [51~52] 다음을 읽고 물음에 답하십시오.

> 인주시에서는 시민들이 이용할 수 있는 공원을 만듭니다. 그동안 공원이 없어서 많이 불편했습니다. 공원을 만들면 시민들이 운동도 할 수 있고 쉴 수도 있습니다. 공원은 5월에 문을 여는데 자전거도 탈 수 있습니다. 또 주차장이 (㉠) 차를 가지고 오는 사람도 편리하게 이용할 수 있습니다.

51. ㉠에 들어갈 말로 가장 알맞은 것을 고르십시오. **(3점)**

① 있지만

② 있거나

③ 있어서

④ 있으면

❽ 알맞은 문형 찾기 Finding the appropriate sentence pattern

[토픽 I 53번 문제]

※ [53~54] 다음을 읽고 물음에 답하십시오.

> 저는 어제 약속이 있었습니다. 시간이 없어서 택시를 타려고 했습니다. 하지만 택시를 잡기가 어려워서 지하철을 탔습니다. 지하철에 사람이 많아서 짜증이 났습니다. 약속 시간에 늦어서 친구에게 미안했습니다. 제가 (㉠   ) 친구가 먼저 웃으면서 인사를 했습니다. 친구가 고마웠습니다.

53. ㉠에 들어갈 말로 가장 알맞은 것을 고르십시오. **(2점)**

① 사과하고 나서

② 사과하게 되면

③ 사과하는 대로

④ 사과하기 전에

[토픽 I 65번 문제]

※ [65~66] 다음을 읽고 물음에 답하십시오.

> 피곤할 때 커피를 마시면 덜 피곤해집니다. 커피에 들어 있는 카페인 때문입니다. 사람들은 졸리거나 힘들 때 커피를 마십니다. 그러면 집중이 잘 되고 힘이 납니다. 운동 선수들은 시합에 집중하기 위해서 커피를 마십니다. 하지만 커피를 너무 많이 마시면 잠을 못 (㉠   ). 그래서 조심해야 합니다.

65. ㉠에 들어갈 말로 가장 알맞은 것을 고르십시오. **(2점)**

① 자게 됩니다

② 자려고 합니다

③ 자는지 압니다

④ 잔 적이 있습니다

❶ 동사 verbs

- **먹다** to eat

  밥을 먹습니다. I eat rice.

- **만들다** to make

  빵을 만듭니다. I make bread.

- **부르다** to sing

  노래를 부릅니다. I sing a song.

- **기다리다** to wait

  친구를 기다립니다. I wait for a friend.

- **마시다** to drink

  주스를 마십니다. I drink juice.

- **보내다** to send

  편지를 보냅니다. I send a letter.

- **읽다** to read

  책을 읽습니다. I read a book.

- **보다** to watch

  영화를 봅니다. I watch a movie.

- **하다** to do

  여행을 합니다. I travel.

- **사다** to buy

  물건을 삽니다. I buy things.

- **일하다** to work

  시청에서 일을 합니다. I work at the city hall.

- **만나다** to see

  병원에서 환자를 만납니다. I see patients at the hospital.

- **만들다** to make

  식당에서 음식을 만듭니다. I make food at a restaurant.

- **지시하다** to direct

  길에서 교통정리를 합니다. I direct traffic on the street.

- **가르치다** to teach

  학교에서 학생을 가르칩니다. I teach students at school.

- **공부하다** to study

  도서관에서 공부를 합니다. I study at the library.

- **부르다** to sing

  극장에서 노래를 부릅니다. I sing at the theater.

- **연습하다** to practice

  체육관에서 연습을 합니다. I practice at the gym.

- **돕다** to help

  은행에서 손님을 도와줍니다. I help customers at the bank.

❷ 명사 nouns

- **배우** actor / **영화** movie / **보다** to watch

  배우를 좋아합니다. 영화를 봅니다. I like actors. I watch movies.

- **과일** fruit / **포도** grape / **먹다** to eat

  과일을 좋아합니다. 포도를 먹습니다. I like fruits. I eat grapes.

- **꽃** flower / **장미** rose / **사다** to buy

  꽃을 좋아합니다. 장미를 삽니다. I like flowers. I buy roses.

- **운동** exercise / **야구** baseball / **하다** to do

  운동을 좋아합니다. 야구를 합니다. I like exercise. I play baseball.

- **요리** cooking / **김밥** gimbap / **만들다** to make

  요리를 좋아합니다. 김밥을 만듭니다. I like cooking. I make gimbap.

- **책** book / **만화** comic book / **읽다** to read

  책을 좋아합니다. 만화를 읽습니다. I like books. I read comic books.

- **운동** exercise / **태권도** taekwondo / **배우다** to learn

  운동을 좋아합니다. 태권도를 배웁니다. I like exercise. I learn taekwondo.

- **음식** food / **떡볶이** tteokbokki / **먹다** to eat

  음식을 좋아합니다. 떡볶이를 먹습니다. I like food. I eat tteokbokki.

- **악기** musical instrument / **피아노** piano / **치다** to play

  악기를 좋아합니다. 피아노를 칩니다. I like musical instruments. I play the piano.

- **음악** music / **노래** song / **듣다** to listen

  음악을 좋아합니다. 노래를 듣습니다. I like music. I listen to songs.

❸ 형용사 adjectives

- **지루하다** to be boring

  수업이 지루합니다. 공부가 재미없습니다. The class is boring. Studying is not fun.

- **무겁다** to be heavy

  가방이 무겁습니다. 책이 많습니다. The bag is heavy. There are many books.

- **재미있다** to be interesting

  공연이 재미있습니다. 손님이 많습니다. The performance is interesting. There are many guests.

- **착하다** to be kind

  동생이 착합니다. 마음이 따뜻합니다. My younger sibling is kind. His heart is warm.

- **편리하다** to be convenient

  편의점이 편리합니다. 물건이 많습니다. The convenience store is convenient. There are many items.

- **복잡하다** to be crowded

  교통이 복잡합니다. 차가 많습니다. The traffic is crowded. There are many cars.

- **즐겁다** to be fun

  한국 생활이 즐겁습니다. 친구가 많습니다. Life in Korea is fun. I have many friends.

- **아름답다** to be beautiful

  경치가 아름답습니다. 바다가 있습니다. The scenery is beautiful. There's an ocean.

- **어렵다** to be difficult

  등산이 어렵습니다. 산에 바위가 많습니다. Hiking is difficult. There are many rocks on the mountain.

- **심심하다** to be bored

  저는 심심합니다. 친구가 없습니다. I'm bored. I have no friends.

❹ 부사 adverbs

• **가끔** sometimes

보통 지하철을 탑니다. 가끔 버스를 탑니다. I usually take the subway. Sometimes I take the bus.

• **같이** together

저는 가족과 같이 살지 않습니다. 혼자 삽니다. I don't live with my family. I live alone.

• **꼭** definitely

약속을 합니다. 약속을 꼭 지켜야 합니다. I make a promise. I must definitely keep my promise.

• **일찍** early / **늦게** late

날마다 일찍 일어납니다. 하지만 오늘은 늦게 일어났습니다.
I wake up early every day. But today I woke up late.

• **먼저** first

먼저 숙제를 합니다. 그리고 텔레비전을 봅니다. I do my homework first. And then I watch TV.

• **빨리** quickly

시간이 없습니다. 빨리 가야 합니다. I don't have time. I have to go quickly.

• **아직** yet

아직 점심을 못 먹었습니다. 배가 고픕니다. I haven't eaten lunch yet. I'm hungry.

• **자주** often

저는 비빔밥을 좋아합니다. 그래서 비빔밥을 자주 먹습니다. I like bibimbap. So I eat bibimbap often.

• **열심히** diligently

내일 시험이 있습니다. 그래서 오늘 열심히 공부합니다.
I have an exam tomorrow. So I'm studying diligently today.

• **처음** for the first time

저는 김민수 씨를 모릅니다. 내일 처음 만납니다.
I don't know Mr. Kim Minsu. I'm meeting him for the first time tomorrow.

❺ 조사 particles

• 이/가

생일 파티가 있습니다. 친구들이 옵니다. There is a birthday party. Friends are coming.

• 을/를

저는 과일을 좋아합니다. 사과를 제일 좋아합니다. I like fruit. I like apples the most.

• 도

저는 한국말을 배웁니다. 영어도 배웁니다. I learn Korean. I also learn English.

• 으로/로

저는 젓가락으로 음식을 먹습니다. 친구는 포크로 먹습니다.
I eat food with chopsticks. My friend eats with a fork.

• 에₁

저는 일찍 일어납니다. 7시에 일어납니다. I wake up early. I wake up at 7 o'clock.

• 에₂

저는 매일 카페에 갑니다. 카페에서 공부를 합니다. I go to the cafe every day. I study at the cafe.

• 에게

저는 친구에게 이메일을 보냅니다. 친구가 저에게 문자메시지를 보냅니다.
I send an email to my friend. My friend sends me a text message.

• 에게서

제 생일입니다. 친구에게서 선물을 받습니다. It's my birthday. I receive a gift from my friend.

• 에서₁

제 친구는 중국에서 왔습니다. 중국 사람입니다. My friend is from China. She is Chinese.

• 에서₂

저는 은행에서 일합니다. 은행원입니다. I work at a bank. I am a bank teller.

❻ 접속사 conjunctions

- **그러면** then

  저는 화가 날 때 음악을 듣습니다. 그러면 기분이 좋아집니다.
  I listen to music when I'm angry. Then I feel better.

- **하지만** but

  선생님께서 저에게 질문하셨습니다. 하지만 저는 대답하지 못했습니다.
  The teacher asked me a question. But I couldn't answer.

- **그래서** so

  날씨가 너무 춥습니다. 그래서 나가지 않고 집에 있습니다.
  The weather is too cold. So I'm staying home instead of going out.

- **그리고** and

  동생은 운동을 잘합니다. 그리고 노래도 잘 부릅니다.
  My younger sibling is good at sports. And he also sings well.

- **그런데** but

  친구는 요리사입니다. 그런데 친구는 집에서 요리하지 않습니다.
  My friend is a chef. But my friend doesn't cook at home.

- **그러나** however

  친구는 게임을 좋아합니다. 그러나 운동은 좋아하지 않습니다.
  My friend likes games. However, he doesn't like exercise.

- **그렇지만** however

  저는 여행을 좋아합니다. 그렇지만 자주 가지 못합니다. I like traveling. However, I can't go often.

- **그러니까** so

  버스보다 지하철이 빠릅니다. 그러니까 지하철을 타십시오.
  The subway is faster than the bus. So please take the subway.

❼ 연결어미 connective endings

- **-거나**: 상태, 동작을 나열하고 어느 것이든 선택될 수 있음을 나타낸다.

  It lists states or actions and indicates that any of them can be chosen.

  저는 주말에 영화를 보거나 쇼핑을 합니다. I watch movies or go shopping on weekends.

- **-게**: 뒤에 오는 동작의 목적을 나타낸다. It indicates the purpose of the following action.

  춥지 않게 옷을 많이 입었습니다. I wore many clothes so I wouldn't be cold.

- **-고$_1$**: 상태, 동작을 나열하고 두 가지가 모두 있음을 나타낸다.

  It lists states or actions and indicates that both are present.

  오늘은 비도 오고 바람도 붑니다. Today it's both raining and windy.

- **-고$_2$**: 동작이 시간적으로 이어짐을 나타낸다. It indicates that actions occur in a temporal sequence.

  저는 점심을 먹고 숙제를 합니다. I eat lunch and then do my homework.

- **-는데**: 뒤에 오는 상태, 동작의 배경을 나타낸다.

  It indicates the background of the following state or action.

  제 친구는 중국에서 왔는데 한국말을 아주 잘합니다.
  My friend is from China, but he speaks Korean very well.

- **-어서$_1$**: 뒤에 오는 상태, 동작의 주관적인 이유를 나타낸다.

  It indicates the subjective reason for the following state or action.

  시험을 잘 봐서 기분이 좋습니다. I'm happy because I did well on the exam.

- **-어서$_2$**: 앞의 동작을 한 후에 뒤의 동작이 있음을 나타낸다.

  It indicates that the latter action occurs after the former action.

  저는 매일 음식을 만들어서 먹습니다. I cook and eat food every day.

- **-으니까**: 뒤에 오는 상태, 동작의 객관적인 이유나 원인을 나타낸다.

  It indicates the objective reason or cause of the following state or action.

  휴일이니까 수업이 없습니다. There are no classes because it's a holiday.

- **-으러**: 뒤에 오는 '가다, 오다'의 목적을 나타낸다.

  It indicates the purpose of the following verb 'to go' or 'to come.'

  옷을 사러 백화점에 갔습니다. I went to the department store to buy clothes.

- **–으려고**: 뒤에 오는 동사의 목적을 나타낸다. It indicates the purpose of the following verb.

  한국 대학교에 가려고 한국말을 공부합니다. I'm studying Korean to go to a Korean university.

- **–으면**: 뒤에 오는 상태, 동작의 조건을 나타낸다.

  It indicates the condition for the following state or action.

  건강하지 않으면 행복하지 않습니다. If you're not healthy, you're not happy.

- **–으면서**: 두 개 이상의 동작이 동시에 있음을 나타낸다.

  It indicates that two or more actions occur simultaneously.

  저는 음악을 들으면서 공부를 합니다. I listen to music while studying.

- **–지만**: 앞과 뒤의 상태, 동작이 반대임을 나타낸다.

  It indicates that the states or actions in the front and back are opposite.

  친구 주소는 모르지만 전화번호는 압니다.

  I don't know my friend's address, but I know his phone number.

- **–다가**: 앞의 동작이 끝나지 않고 뒤의 동작이 있음을 나타낸다.

  It indicates that the latter action occurs while the former action is still in progress.

  동생이 밥을 먹다가 전화를 받았습니다. My younger sibling was eating when he answered the phone.

❽ 문형 sentence patterns

- **–고 나서**: 앞의 동작을 한 후에 뒤의 동작이 있음을 나타낸다.

  It indicates that the latter action occurs after the former action.

  손을 씻고 나서 밥을 먹습니다. I wash my hands and then eat.

- **–기 때문에**: 뒤에 오는 상태, 동작의 객관적인 이유나 원인을 나타낸다.

  It indicates the objective reason or cause of the following state or action.

  오늘은 휴일이기 때문에 학교에 가지 않습니다. I'm not going to school today because it's a holiday.

- **–기 전에**: 앞의 동작을 하기 전에 뒤의 동작이 있음을 나타낸다.

  It indicates that the latter action occurs before the former action.

  저는 매일 잠을 자기 전에 일기를 씁니다. I write in my diary every day before going to bed.

- **–기 위해서**: 뒤에 오는 동작의 목적을 나타낸다. It indicates the purpose of the following verb.

  저는 집을 사기 위해서 돈을 모읍니다. I save money to buy a house.

- **–는 대로**: 앞의 동작이 끝나고 바로 뒤의 동작이 있음을 나타낸다.

  It indicates that the latter action occurs immediately after the former action is completed.

  대학교를 졸업하는 대로 취직하려고 합니다. I'm going to get a job as soon as I graduate from university.

- **–는 동안에**: 앞의 동작과 뒤의 동작이 같은 시간에 있음을 나타낸다.

  It indicates that the preceding and following actions occur at the same time.

  저는 한국에서 사는 동안에 친구를 많이 사귀었습니다. I made many friends while living in Korea.

- **–은 지**: 앞의 동작이 이루어진 후에 시간이 지났음을 나타낸다.

  It indicates that time has passed since the preceding action occurred.

  저는 한국에 온 지 2개월 되었습니다. It has been two months since I came to Korea.

- **–은 후에**: 앞의 동작을 한 후에 뒤의 동작이 있음을 나타낸다.

  It indicates that the latter action occurs after the former action.

  수업이 끝난 후에 친구들과 같이 카페에 갔습니다. After class, I went to a cafe with my friends.

- **–을 때**: 앞에 오는 상태, 동작과 뒤에 오는 상태, 동작이 같은 시간에 있음을 나타낸다.

  It indicates that the states or actions in the front and back occur at the same time.

  저는 심심할 때 드라마를 봅니다. I watch dramas when I'm bored.

- **–지 말고**: 앞의 동작을 하지 않고 뒤의 동작이 있음을 나타낸다.

  It indicates that the latter action occurs without the former action.

  피곤하면 일하지 말고 쉬어야 합니다. If you're tired, you should rest instead of working.

읽
기

유형 2 전체 내용 이해하기
Type 2 Understanding the overall content

풀이 전략
Explanation strategy

❶ 주제 찾기 Finding the topic

읽기 31번 문제

- 무엇에 대해서 설명하는지 알아야 한다.
  You need to understand what is being described.

- 형용사가 사용된 문장을 이해해야 한다.
  You need to understand sentences that use adjectives.

읽기 32번 문제

- 무엇에 대해서 설명하는지 알아야 한다.
  You need to understand what the content is about.

- 동사가 사용된 문장을 이해해야 한다.
  You need to understand sentences that use verbs.

읽기 33번 문제

- 무엇에 대해서 설명하는지 알아야 한다.
  You need to understand what the content is about.

- 동사와 형용사가 사용된 문장을 이해해야 한다.
  You need to understand sentences that use verbs and adjectives.

❷ 중심 내용 찾기 Finding the main idea

읽기 46, 47, 48, 52번 문제

- 무엇에 대해서 설명하는지 알아야 한다.
  You need to understand what the content is about.

- 중심 문장을 찾아야 한다.
  You need to find the main sentence.

읽기 63번 문제

- 무엇에 대해서 설명하는지 알아야 한다.
  You need to understand what the content is about.

- 글을 쓴 목적을 이해해야 한다.
  You need to understand the purpose for which the text was written.

2 전체 내용 이해하기
Type 2 Understanding the overall content

연습 문제
Exercise

❶ 주제 찾기 Finding the topic

[토픽 Ⅰ 31번 문제]

※ [31~33] 무엇에 대한 내용입니까? 〈보기〉와 같이 알맞은 것을 고르십시오. (각 2점)

```
┌─────────────────────── 〈 보 기 〉 ───────────────────────┐
│                                                          │
│   오늘은 쉽니다. 수업이 없습니다.                          │
│                                                          │
│   ① 요일          ② 이름          ❸ 휴일          ④ 날짜  │
│                                                          │
└──────────────────────────────────────────────────────────┘
```

31.
```
┌──────────────────────────────────────────────────────────┐
│   떡볶이가 맛있습니다. 만두도 맛있습니다.                   │
└──────────────────────────────────────────────────────────┘
```

① 음식   ② 교통   ③ 계절   ④ 색깔

[토픽 Ⅰ 32번 문제]

※ [31~33] 무엇에 대한 내용입니까? 〈보기〉와 같이 알맞은 것을 고르십시오. (각 2점)

```
┌─────────────────────── 〈 보 기 〉 ───────────────────────┐
│                                                          │
│   오늘은 쉽니다. 수업이 없습니다.                          │
│                                                          │
│   ① 요일          ② 이름          ❸ 휴일          ④ 날짜  │
│                                                          │
└──────────────────────────────────────────────────────────┘
```

32.
```
┌──────────────────────────────────────────────────────────┐
│   비가 옵니다. 우산을 씁니다.                               │
└──────────────────────────────────────────────────────────┘
```

① 옷   ② 날씨   ③ 공부   ④ 쇼핑

[토픽 I 33번 문제]

※ [31~33] 무엇에 대한 내용입니까? 〈보기〉와 같이 알맞은 것을 고르십시오. (각 2점)

〈보 기〉

오늘은 쉽니다. 수업이 없습니다.

① 요일   ② 이름   ❸ 휴일   ④ 날짜

33.

선물을 많이 받습니다. 기분이 좋습니다.

① 약속   ② 생일   ③ 방학   ④ 청소

❷ 중심 내용 찾기 Finding the main idea

[토픽 I 46번 문제]

※ [46~48] 다음을 읽고 중심 내용을 고르십시오.

46. (3점)

> 저는 친구와 같이 삽니다. 친구는 중국에서 왔습니다. 친구가 만든 중국 음식이 아주 맛있습니다. 저도 중국 요리를 배우고 싶습니다.

① 저는 혼자 살고 싶습니다.
② 저는 중국 친구를 만나고 싶습니다.
③ 저는 맛있는 음식을 먹고 싶습니다.
④ 저는 중국 음식을 만들고 싶습니다.

[토픽 I 47번 문제]

※ [46~48] 다음을 읽고 중심 내용을 고르십시오.

47. (3점)

> 저는 시간이 있을 때 사진을 찍으러 갑니다. 산에 가서 예쁜 꽃도 찍고 바다에 가서 아름다운 경치도 찍습니다. 빨리 주말이 되었으면 좋겠습니다.

① 저는 시간이 있을 때 산에 가고 싶습니다.
② 저는 산에 가서 예쁜 꽃을 보고 싶습니다.
③ 저는 주말에 사진을 찍으러 가고 싶습니다.
④ 저는 아름다운 바다에서 사진을 찍고 싶습니다.

[토픽Ⅰ 48번 문제]

※ [46~48] 다음을 읽고 중심 내용을 고르십시오.

48. **(2점)**

> 집에 책상이 없어서 일하기가 불편합니다. 그래서 오늘 작은 책상을 사려고 합니다. 비싸지 않은 책상이 있었으면 좋겠습니다.

① 저는 일이 많아서 불편합니다.
② 저는 싼 책상을 사고 싶습니다.
③ 저는 책상이 필요하지 않습니다.
④ 저는 편한 책상을 사려고 합니다.

[토픽Ⅰ 52번 문제]

※ [52~53] 다음을 읽고 물음에 답하십시오.

> 인주시에서는 주말에 '차 없는 거리'를 만듭니다. 주말에는 시청 근처에 사람들이 많이 모입니다. 그래서 차가 다니면 위험합니다. 주말에 차가 없어서 사람들이 안전하게 거리를 구경할 수 있습니다. 거리에서 노래를 부르는 사람도 있고 춤을 추는 사람도 있습니다.

52. 무엇에 대한 내용인지 맞는 것을 고르십시오. **(2점)**
① 차 없는 거리가 있는 위치
② 차 없는 거리에 가는 방법
③ 차 없는 거리를 만든 이유
④ 차 없는 거리를 만든 사람

※ [63~64] 다음을 읽고 물음에 답하십시오.

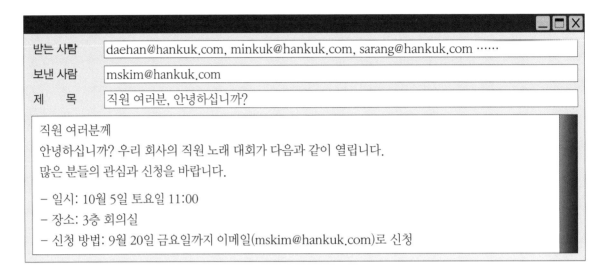

받는 사람 daehan@hankuk.com, minkuk@hankuk.com, sarang@hankuk.com ……

보낸 사람 mskim@hankuk.com

제 목 직원 여러분, 안녕하십니까?

직원 여러분께
안녕하십니까? 우리 회사의 직원 노래 대회가 다음과 같이 열립니다.
많은 분들의 관심과 신청을 바랍니다.

– 일시: 10월 5일 토요일 11:00
– 장소: 3층 회의실
– 신청 방법: 9월 20일 금요일까지 이메일(mskim@hankuk.com)로 신청

63. 왜 윗글을 썼는지 맞는 것을 고르십시오. **(2점)**

① 노래 대회 날짜를 바꾸려고

② 노래 대회 신청을 받으려고

③ 노래 대회 장소를 찾으려고

④ 노래 대회 준비를 설명하려고

2 전체 내용 이해하기
Type 2 Understanding the overall content

주요 표현
Key expressions

• **떡볶이** tteokbokki　　　　　　　　　　　　　　　　　　　　읽기 31번

떡볶이가 맵습니다. Tteokbokki is spicy.

• **맛있다** to be delicious　　　　　　　　　　　　　　　　　　읽기 31번

한국 음식이 맛있습니다. Korean food is delicious.

• **비가 오다** to rain　　　　　　　　　　　　　　　　　　　　읽기 32번

여름에 비가 많이 옵니다. It rains a lot in the summer.

• **우산** umbrella　　　　　　　　　　　　　　　　　　　　　읽기 32번

비가 옵니다. 우산이 필요합니다. It's raining. I need an umbrella.

• **쓰다** to wear　　　　　　　　　　　　　　　　　　　　　읽기 32번

저는 자주 모자를 씁니다. I often wear a hat.

• **선물** present　　　　　　　　　　　　　　　　　　　　　읽기 33번

저는 친구 생일에 친구에게 선물을 줍니다. I give my friend a present on their birthday.

• **받다** to receive　　　　　　　　　　　　　　　　　　　　읽기 33번

저는 매일 이메일을 받습니다. I receive emails every day.

• **기분** feeling　　　　　　　　　　　　　　　　　　　　　읽기 33번

바다에 갑니다. 기분이 좋습니다. I go to the sea. I feel good.

• **살다** to live　　　　　　　　　　　　　　　　　　　　　읽기 46번

지금 저는 기숙사에서 삽니다. I currently live in a dormitory.

• **만들다** to make　　　　　　　　　　　　　　　　　　　　읽기 46번

오늘 저는 샌드위치를 만들어서 먹었습니다. I made and ate a sandwich today.

• **요리** cooking　　　　　　　　　　　　　　　　　　　　　읽기 46번

저는 요리를 좋아해서 매일 음식을 만듭니다. I like cooking, so I make food every day.

- **배우다** to learn   읽기 46번

  운전을 배운 후에 자동차를 사려고 합니다. I want to buy a car after learning how to drive

- **시간이 있다** to have time   읽기 47번

  저는 시간이 있을 때 음악을 듣습니다. I listen to music when I have time.

- **사진을 찍다** to take pictures   읽기 47번

  저는 음식을 먹기 전에 사진을 찍습니다. I take pictures before eating food.

- **아름답다** to be beautiful   읽기 47번

  밤에 보는 도시가 정말 아름답습니다. The city at night is really beautiful.

- **경치** scenery   읽기 47번

  산 위에서 보는 경치가 멋있습니다. The view from the top of the mountain is wonderful.

- **주말** weekend   읽기 47번

  주중에는 회사에서 일하고 주말에 쉽니다.
  I work at the company during the weekdays and rest on weekends.

- **책상** desk   읽기 48번

  교실에 책상과 의자가 많습니다. There are many desks and chairs in the classroom.

- **일하다** to work   읽기 48번

  저는 회사에서 매일 8시간 일합니다. I work 8 hours every day at the company.

- **불편하다** to be inconvenient   읽기 48번

  기숙사에서 요리할 수 없어서 불편합니다. It is inconvenient because I can't cook in the dormitory.

- **작다** to be small   읽기 48번

  방이 작아서 큰 방으로 이사하고 싶습니다. The room is small, so I want to move to a bigger room.

- **비싸다** to be expensive   읽기 48번

  겨울에는 과일과 채소가 비쌉니다. Fruits and vegetables are expensive in winter.

- **거리** street 읽기 52번

밤에는 거리에 사람이 적습니다. There are few people on the street at night.

- **모이다** to gather 읽기 52번

크리스마스에 가족들이 모여서 파티를 합니다. Families gather for a party on Christmas.

- **그래서** so 읽기 52번

날씨가 아주 덥습니다. 그래서 운동을 하기가 힘듭니다. The weather is very hot. So it's hard to exercise.

- **다니다** to attend 읽기 52번

형이 다니는 대학교에 가서 여기저기를 구경했습니다.
I went to the university my older brother attends and looked around.

- **안전하다** to be safe 읽기 52번

아이들은 안전한 곳에서 놀아야 합니다. Children should play in a safe place.

- **직원** employee 읽기 63번

회사 식당은 직원들만 이용할 수 있습니다. The company cafeteria can only be used by employees.

- **대회** contest 읽기 63번

저는 걷기 대회에 참가하고 싶습니다. I want to participate in the walking contest.

- **열리다** to be held 읽기 63번

주말에 열리는 축구시합을 보러 가고 싶습니다.
I want to go see the soccer match that will be held on the weekend.

- **신청** application 읽기 63번

이번 주까지 수업을 신청해야 합니다. You need to apply for the class by this week.

3 세부 내용 이해하기
Type 3 Understanding specific details

풀이 전략
Explanation strategy

---

❶ 광고의 내용 이해하기 Understanding the content of advertisements

읽기 40, 41번 문제

- 무엇에 대한 내용인지 알아야 한다.
  You need to understand what the content is about.

- 그림에 있는 광고의 내용을 이해해야 한다.
  You need to understand the content of the advertisement in the picture.

❷ 문자메시지의 내용 이해하기 Understanding the content of text messages

읽기 42번 문제

- 무엇에 대한 내용인지 알아야 한다.
  You need to understand what the content is about.

- 그림에 있는 문자메시지의 내용을 이해해야 한다.
  You need to understand the content of the text message in the picture.

❸ 글의 내용 이해하기 Understanding the content of texts

읽기 43, 44, 45, 50, 54, 56, 60, 62, 64, 66, 68, 70번 문제

- 무엇에 대한 내용인지 알아야 한다.
  You need to understand what the content is about.

- 글의 전체 내용을 자세히 이해해야 한다.
  You need to understand the overall content of the text in detail.

❹ 문맥에 맞는 내용 찾기 Finding content that fits the context

읽기 55, 61번 문제

- 무엇에 대한 내용인지 알아야 한다.
  You need to understand what the content is about.

- 내용을 자세히 이해하고 빈칸에 들어갈 표현을 찾아야 한다.
  You need to understand the content in detail and find the expression that fits in the blank.

읽기 59번 문제

- 무엇에 대한 내용인지 알아야 한다.
  You need to understand what the content is about.

- 내용을 자세히 이해하고 문장이 들어갈 위치를 찾아야 한다.
  You need to understand the content in detail and find the location where the sentence should go.

읽기 67, 69번 문제	● 무엇에 대해서 설명하는지 알아야 한다.
	You need to understand what the content is about.
	● 내용을 자세히 이해하고 빈칸에 들어갈 표현을 찾아야 한다.
	You need to understand the content in detail and find the expression that fits in the blank.

❺ 글의 순서 파악하기 Understanding the order of the text

읽기 57번 문제	● 생활에 관한 내용을 이해해야 한다.
	You need to understand the content about life.
	● 내용에 맞는 문장의 순서를 알아야 한다.
	You need to know the correct order of sentences that fit the content.
읽기 58번 문제	● 무엇에 대해서 설명하는지 이해해야 한다.
	You need to understand what the content is about.
	● 내용에 맞는 문장의 순서를 알아야 한다.
	You need to know the correct order of sentences that fit the content.

3 세부 내용 이해하기 연습 문제
Type 3 Understanding specific details   Exercise

❶ 광고의 내용 이해하기 Understanding the content of advertisements

[토픽Ⅰ 40번 문제]

※ [40~42] 다음을 읽고 맞지 <u>않는</u> 것을 고르십시오. (각 3점)

40.

① 천 원입니다.

② 채소 맛입니다.

③ 이것은 빵입니다.

④ 삼월 삼일까지 팝니다.

[토픽 I 41번 문제]

※ [40~42] 다음을 읽고 맞지 <u>않는</u> 것을 고르십시오. (각 3점)

41.

신입생 모임이 있습니다.
신입생 오리엔테이션
학교 소개, 점심 식사
5월 8일 12:00~14:00

① 학교를 소개합니다.

② 같이 점심을 먹습니다.

③ 오후 두 시에 끝납니다.

④ 재학생들이 모두 만납니다.

[토픽 I 42번 문제]

※ [40～42] 다음을 읽고 맞지 <u>않는</u> 것을 고르십시오. (각 3점)

42.

수미
오늘 친구와 같이 맛집에 갔어요. 맛있는 점심을 먹었어요.

민희
와! 저도 먹고 싶어요.

수미
그럼, 다음에 같이 가요.

① 수미 씨는 오늘 식당에 갔습니다.
② 수미 씨는 친구와 점심을 먹었습니다.
③ 수미 씨가 먹은 음식이 맛있었습니다.
④ 수미 씨와 민희 씨가 지금 식당에 있습니다.

❸ 글의 내용 이해하기 Understanding the content of texts

[토픽 I 43번 문제]

※ [43~45] 다음을 읽고 내용이 같은 것을 고르십시오.

43. **(3점)**

> 저는 운동을 좋아합니다. 그래서 자주 체육관에 갑니다. 오늘은 친구와 집 근처 공원에서 농구를 할 겁니다.

① 저는 오늘 농구를 할 겁니다.
② 저는 오늘 체육관에 갈 겁니다.
③ 저는 운동을 좋아하지 않습니다.
④ 저는 매일 친구와 운동을 합니다.

[토픽 I 44번 문제]

※ [43~45] 다음을 읽고 내용이 같은 것을 고르십시오.

44. **(3점)**

> 어제는 제 생일이었습니다. 친구들이 저에게 선물을 많이 주었습니다. 우리는 노래방에서 즐겁게 놀았습니다.

① 어제는 친구 생일이었습니다.
② 저는 친구에게 선물을 주었습니다.
③ 저는 친구들과 노래방에 갔습니다.
④ 어제 친구들이 우리 집에 놀러 왔습니다.

※ [43~45] 다음을 읽고 내용이 같은 것을 고르십시오.

45. (3점)

> 저는 주말에 부산으로 여행을 갔습니다. 서울역에서 점심을 먹고 기차를 탔습니다. 부산에 도착해서 제일 먼저 바다를 보러 갔습니다.

① 저는 늦어서 기차를 못 탔습니다.
② 저는 기차에서 점심을 먹었습니다.
③ 저는 부산에서 바다를 보러 갔습니다.
④ 저는 주말에 여행을 가지 못했습니다.

※ [49~50] 다음을 읽고 물음에 답하십시오. (각 2점)

> 저는 대학원에서 공부하는 학생입니다. 저는 재미있는 텔레비전 프로그램을 만들고 싶어서 대학원에 다닙니다. 수업이 많고 어려워서 힘들지만 열심히 공부하고 있습니다. 모르는 것이 있을 때 선배들이 많이 도와줍니다. 그래서 즐겁게 학교생활을 합니다. 그리고 친구들을 많이 사귀어서 좋습니다.

50. 윗글의 내용과 같은 것을 고르십시오.
① 저는 대학교에 다니는 대학생입니다.
② 수업이 많지 않지만 학교생활이 힘듭니다.
③ 모르는 것이 있을 때 선생님이 도와줍니다.
④ 저는 텔레비전 프로그램을 만들고 싶습니다.

[토픽Ⅰ 54번 문제]

※ **[53~54] 다음을 읽고 물음에 답하십시오.**

> 저는 금요일에 수업이 없어서 친구와 여행을 갔습니다. 기차를 타고 싶었지만 예매를 하지 못해서
> 버스로 갔습니다. 버스에서 만난 분이 소개해 준 식당에서 맛있는 한식을 먹었습니다. 그리고 바다를
> 볼 수 있는 예쁜 카페에서 커피를 마셨습니다. 친구와 같이 있어서 정말 즐거웠습니다.

54. 다음을 읽고 물음에 답하십시오. **(3점)**

① 저는 혼자 여행을 갔습니다.

② 저는 카페에서 바다를 봤습니다.

③ 저는 일찍 기차표를 예매했습니다.

④ 저는 친구가 소개한 식당에 갔습니다.

[토픽Ⅰ 56번 문제]

※ **[55~56] 다음을 읽고 물음에 답하십시오.**

> 남산공원은 도시 안에 있어서 이용하기가 편리합니다. 그래서 운동하는 사람, 산책을 하는 사람들
> 이 많습니다. 이곳에는 나무가 많아서 공기가 깨끗하기 때문에 사람들이 좋아합니다. 가까운 곳에서
> 일하는 회사원들은 점심을 먹은 후에 이곳을 찾습니다. 꽃과 나무를 보면서 잠깐 쉬면 기분이 좋아집
> 니다.

56. 윗글의 내용과 같은 것을 고르십시오. **(3점)**

① 남산공원은 공기가 맑아서 좋습니다.

② 남산공원에서 운동을 할 수 없습니다.

③ 남산공원은 멀어서 이용하기가 어렵습니다.

④ 남산공원에서 점심을 먹는 사람이 많습니다.

※ **[59~60] 다음을 읽고 물음에 답하십시오.**

> 저는 학교 근처에 있는 원룸에 삽니다. 좀 비싸지만 학교가 가깝기 때문에 편합니다. 저는 버스나 지하철을 타지 않고 걸어서 학교에 갑니다. 날씨가 나쁠 때는 힘들지만 매일 운동을 할 수 있어서 좋습니다. 저는 수업이 끝나면 집에 가서 점심을 먹습니다. 인터넷을 보고 여러 가지 음식을 만드는 것이 재미있습니다.

60. 윗글의 내용과 같은 것을 고르십시오. **(3점)**

   ① 저는 원룸에 사는 것을 싫어합니다.

   ② 저는 학교에서 가까운 곳에 삽니다.

   ③ 저는 요리하지 않고 식당에서 먹습니다.

   ④ 저는 버스나 지하철을 타고 학교에 갑니다.

※ **[61~62] 다음을 읽고 물음에 답하십시오. (각 2점)**

> 사람들은 휴일을 기다립니다. 휴일에는 일하지 않고 쉴 수 있어서 좋고 하고 싶은 일을 할 수 있어서 좋습니다. 사람들은 휴일에 보통 취미 생활을 합니다. 책도 읽고 영화도 보고 운동도 합니다. 그리고 여행을 가는 사람도 많아서 휴일에는 교통이 복잡합니다. 저는 사진 찍기를 좋아해서 휴일에 여기저기 다니면서 사진을 찍습니다.

62. 윗글의 내용과 같은 것을 고르십시오.

   ① 사람들은 휴일에 더 바쁘게 지냅니다.

   ② 저는 휴일에 책도 읽고 영화도 봅니다.

   ③ 사람들은 휴일에 하고 싶은 일을 합니다.

   ④ 저는 휴일에 사람이 많은 곳에 가지 않습니다.

[토픽Ⅰ 64번 문제]

※ [63~64] 다음을 읽고 물음에 답하십시오.

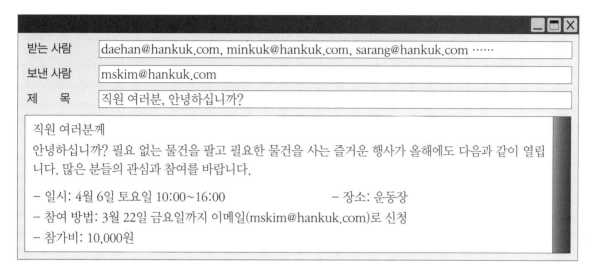

64. 윗글의 내용과 같은 것을 고르십시오. **(3점)**

① 이 행사는 올해 처음 열립니다.

② 이 행사는 십오 일 동안 합니다.

③ 이 행사에서 물건을 팔 수 있습니다.

④ 이 행사는 무료로 참여할 수 있습니다.

※ [65~66] 다음을 읽고 물음에 답하십시오.

> 잠은 우리의 건강에 아주 중요합니다. 잠을 적게 자면 기억력이 나빠지고 식욕도 없습니다. 하지만 잠을 너무 많이 자도 건강에 좋지 않습니다. 하루에 7~8시간 자면 적당합니다. 그리고 점심을 먹은 후에 잠깐 낮잠을 자면 좋습니다. 30분 정도 낮잠을 자면 피로도 풀리고 스트레스도 줄일 수 있습니다.

66. 윗글의 내용과 같은 것을 고르십시오. (3점)

① 잠을 많이 자면 건강에 좋습니다.

② 잠을 많이 자면 기억력이 나빠집니다.

③ 낮잠을 조금 자면 건강에 도움이 됩니다.

④ 스트레스를 줄이려면 잠을 많이 자야 합니다.

※ [67~68] 다음을 읽고 물음에 답하십시오. (각 3점)

> 삼계탕은 한국에서 더운 여름에 먹는 특별한 음식입니다. 삼계탕은 닭고기와 건강에 좋은 재료를 넣어서 끓입니다. 여름에는 날씨가 더워서 많이 힘들고 피곤합니다. 그래서 건강에 좋은 삼계탕을 먹으면 힘이 납니다. 삼계탕은 뜨거워서 먹을 때 땀이 나지만 맵지 않기 때문에 외국인들에게도 아주 인기가 있습니다.

68. 윗글의 내용과 같은 것을 고르십시오.

① 삼계탕은 외국인들이 좋아하는 음식입니다.

② 삼계탕은 매워서 먹을 때 땀이 많이 납니다.

③ 삼계탕은 더운 여름에 먹는 시원한 음식입니다.

④ 삼계탕은 소고기나 돼지고기를 넣어서 만듭니다.

※ [69~70] 다음을 읽고 물음에 답하십시오. (각 3점)

> 제가 사는 동네에 쓰레기로 만든 공원이 있습니다. 전에는 쓰레기를 버리는 곳이어서 냄새도 많이 나고 더러운 곳이었습니다. 그런데 지금은 아름다운 공원이 되었습니다. 꽃과 나무가 많아서 구경하러 오는 사람이 많습니다. 운동을 할 수 있는 곳도 있어서 아침에는 운동하는 사람들이 많습니다. 지금은 깨끗하고 아름다워서 어른들도 아이들도 자주 찾고 좋아하는 곳입니다. 여기가 쓰레기를 버리는 곳이었는지 모르는 사람도 많습니다. 쓰레기를 버리는 곳이 아름다운 공원으로 바뀌어서 정말 좋습니다.

읽기

70. 윗글의 내용과 같은 것을 고르십시오.

① 이 공원은 예전에 쓰레기장이었습니다.

② 공원이 더러워서 사람들이 가지 않습니다.

③ 공원에 쓰레기를 버리는 사람이 많습니다.

④ 냄새가 나서 어른들은 이 공원을 싫어합니다.

❹ 문맥에 맞는 내용 찾기 Finding content that fits the context

[토픽 I 55번 문제]

※ [55~56] 다음을 읽고 물음에 답하십시오.

> 한국 문화를 한 곳에서 경험할 수 있는 곳이 문을 열었습니다. 이곳에서는 한국 영화도 보고 한국 음식도 먹고 한국 화장품도 살 수 있습니다. 그리고 좋아하는 가수의 공연도 볼 수 있습니다. 그래서 이곳에는 (㉠   ) 외국인들이 한국의 문화를 즐기러 많이 찾아옵니다.

55. ㉠에 들어갈 말로 가장 알맞은 것을 고르십시오. **(2점)**
   ① 한국 영화를 많이 보는
   ② 한국 음악을 많이 듣는
   ③ 한국 화장품을 좋아하는
   ④ 한국 문화에 관심이 있는

[토픽 I 59번 문제]

※ [59~60] 다음을 읽고 물음에 답하십시오.

> 저는 지금 기숙사에서 삽니다. 같이 사는 친구가 있어서 불편할 때가 많습니다. (㉠) 친구가 잘 때 조용히 해야 하고 친구가 공부할 때 음식을 먹을 수 없습니다. (㉡) 하지만 좋은 점도 많습니다. (㉢) 친구가 제 이야기를 듣고 많이 도와줍니다. (㉣) 그래서 혼자 살 때보다 학교생활이 즐겁습니다.

59. 다음 문장이 들어갈 곳으로 가장 알맞은 것을 고르십시오. **(2점)**

> 또 주말에 같이 운동도 하고 같이 도서관에도 갑니다.

   ① ㉠   ② ㉡   ③ ㉢   ④ ㉣

[토픽 I 61번 문제]

※ [61~62] 다음을 읽고 물음에 답하십시오. (각 2점)

> 저는 한 달 전에 이사를 했습니다. 새집은 작은 산 아래에 있어서 조용하고 공기도 좋습니다. 저는 시간이 있을 때 산에 올라가서 쉽니다. 산 위에서 보는 경치가 아주 아름답습니다. 그리고 꽃과 나무를 보면 스트레스가 풀립니다. 교통이 불편해서 학교에 갈 때 (㉠) 운동을 할 수 있어서 괜찮습니다.

61. ㉠에 들어갈 말로 가장 알맞은 것을 고르십시오.

① 버스를 이용하지만

② 시간이 많이 걸리지만

③ 친구들을 만날 수 없지만

④ 무거운 가방을 들고 가지만

[토픽 I 67번 문제]

※ [67~68] 다음을 읽고 물음에 답하십시오. (각 3점)

> 요즘 많은 사람들이 살을 빼기 위해서 운동을 합니다. 운동을 하면 (㉠) 살이 빠집니다. 특히 걷거나 뛰는 운동은 에너지가 많이 필요해서 살을 뺄 때 도움이 됩니다. 하지만 너무 심하게 운동을 하면 피곤하니까 많이 먹게 되어서 살이 찔 수 있습니다. 살도 빼고 스트레스도 줄이기 위해서는 적당히 운동을 해야 합니다.

67. ㉠에 들어갈 말로 가장 알맞은 것을 고르십시오.

① 음식을 많이 먹기 때문에

② 많이 힘들고 피곤하기 때문에

③ 스트레스가 많이 쌓이기 때문에

④ 에너지를 많이 사용하기 때문에

※ [67~70] 다음을 읽고 물음에 답하십시오. (각 3점)

> 저는 초등학생 때 봄과 가을에 소풍을 갔습니다. 친구들과 선생님들과 같이 가까운 산이나 공원에 가서 게임도 하고 재미있게 놀았습니다. 게임에서 이긴 친구들은 선생님께서 주신 선물을 받았습니다. 장기 자랑 시간에 춤을 잘 추는 친구들은 우리들에게 춤을 보여 주었습니다. 그리고 노래를 잘하는 친구들은 마이크를 잡고 노래를 불렀습니다. 저는 춤을 잘 추지 못하고 노래도 잘 못해서 춤과 노래를 (㉠   ) 친구들이 부러웠습니다. 지금 그 친구들이 보고 싶고 선생님이 그립습니다.

69. ㉠에 들어갈 말로 가장 알맞은 것을 고르십시오.

① 게임을 하는

② 김밥을 먹는

③ 잘할 수 있는

④ 재미있게 노는

❺ 글의 순서 파악하기 Understanding the order of the text

읽기

[토픽 I 57번 문제]

※ [57~58] 다음을 순서에 맞게 배열한 것을 고르십시오.

57. (3점)

> (가) 사람들이 많지 않아서 시끄럽지 않았습니다.
>
> (나) 산책을 끝내고 공원 벤치에 앉아서 쉬었습니다.
>
> (다) 어제 친구와 같이 공원으로 산책을 하러 갔습니다.
>
> (라) 조용한 공원을 걸으면서 깨끗한 공기를 마시니까 기분이 좋았습니다.

① (다)-(라)-(가)-(나)　　　　　　② (다)-(가)-(라)-(나)

③ (라)-(다)-(가)-(나)　　　　　　④ (라)-(가)-(다)-(나)

[토픽 I 58번 문제]

※ [57~58] 다음을 순서에 맞게 배열한 것을 고르십시오.

58. (2점)

> (가) 대부분의 물은 바닷물이기 때문입니다.
>
> (나) 사람은 살기 위해서 물이 꼭 필요합니다.
>
> (다) 하지만 사람이 마실 수 있는 물은 많지 않습니다.
>
> (라) 바닷물을 마실 수 있는 물로 바꿀 수 있지만 돈이 많이 듭니다.

① (나)-(다)-(가)-(라)　　　　　　② (나)-(라)-(가)-(다)

③ (라)-(나)-(다)-(가)　　　　　　④ (라)-(가)-(다)-(나)

3 세부 내용 이해하기
Type 3 Understanding specific details

주요 표현
Key expressions

- **채소** vegetables   읽기 40번

고기보다 채소가 건강에 좋습니다. Vegetables are healthier than meat.

- **빵** bread   읽기 40번

저는 아침에 빵과 커피를 먹습니다. I eat bread and coffee in the morning.

- **원** won   읽기 40번

한국 돈은 1원, 10원, 50원, 100원, 500원, 1,000원, 5,000원, 10,000원, 50,000원이 있습니다.
Korean currency includes 1 won, 10 won, 50 won, 100 won, 500 won, 1,000 won, 5,000 won, 10,000 won, and 50,000 won.

- **까지** until   읽기 40번

월요일부터 금요일까지 학교에 갑니다. I go to school from Monday to Friday.

- **신입생** freshman   읽기 41번

동생은 대학교 1학년 신입생입니다. My younger sibling is a freshman in university.

- **모임** gathering   읽기 41번

저는 고등학교 친구 모임과 대학교 친구 모임에 갑니다.
I go to high school friend gatherings and university friend gatherings.

- **오리엔테이션** orientation   읽기 41번

오리엔테이션에서 선생님과 친구들을 처음 만납니다.
I meet teachers and friends for the first time at orientation.

- **소개** introduction   읽기 41번

처음 만나면 자기소개를 합니다. When you meet someone for the first time, you introduce yourself.

- **식사** meal   읽기 41번

저는 매일 아침, 점심, 저녁 세 번 식사를 합니다. I have three meals a day: breakfast, lunch, and dinner.

- **맛집** delicious restaurant   읽기 42번

사람들이 맛집에서 식사를 하려고 줄을 서서 기다립니다. People line up to eat at delicious restaurants.

- **같이** together 　　　　　　　　　　　　　　　　　　　　　　　　읽기 42번

지금 저는 부모님과 같이 삽니다. I currently live with my parents.

- **맛있다** to be delicious 　　　　　　　　　　　　　　　　　　　읽기 42번

맛있는 음식을 먹으면 행복합니다. Eating delicious food makes me happy.

- **점심** lunch 　　　　　　　　　　　　　　　　　　　　　　　　읽기 42번

저는 보통 12시에 점심을 먹습니다. I usually eat lunch at 12 o'clock.

- **다음에** next time 　　　　　　　　　　　　　　　　　　　　　읽기 42번

다음에 한국에 오면 제주도에 가고 싶습니다. I want to go to Jeju Island next time I come to Korea.

- **그래서** so 　　　　　　　　　　　　　　　　　　　　　　　　읽기 43번

다음 주에 시험이 있습니다. 그래서 이번 주에 열심히 공부할 겁니다.
There is an exam next week. So I will study hard this week.

- **체육관** gym 　　　　　　　　　　　　　　　　　　　　　　　읽기 43번

사람들이 체육관에서 운동을 합니다. People exercise at the gym.

- **자주** often 　　　　　　　　　　　　　　　　　　　　　　　　읽기 43번

저는 쇼핑을 좋아합니다. 그래서 자주 쇼핑을 합니다. I like shopping. So I go shopping often.

- **근처** near 　　　　　　　　　　　　　　　　　　　　　　　　읽기 43번

지하철역 근처에 식당이 많습니다. There are many restaurants near the subway station.

- **생일** birthday 　　　　　　　　　　　　　　　　　　　　　　읽기 44번

제 생일은 5월 24일입니다. My birthday is May 24th.

- **선물** present 　　　　　　　　　　　　　　　　　　　　　　　읽기 44번

사람들은 크리스마스에 선물을 주고받습니다. People give and receive gifts on Christmas.

- **노래방** karaoke 　　　　　　　　　　　　　　　　　　　　　　읽기 44번

저는 노래방에서 노래 연습을 합니다. I practice singing at the karaoke room.

- **즐겁다** to be fun   읽기 44번

  저는 친구들과 놀이공원에 가서 즐겁게 놀았습니다. I had fun with my friends at the amusement park.

- **놀다** to play   읽기 44번

  학교 운동장에서 아이들이 축구를 하면서 놉니다. Children play soccer in the school playground.

- **여행** travel   읽기 45번

  저는 여러 나라로 여행을 가고 싶습니다. I want to travel to many countries.

- **역** station   읽기 45번

  집 근처에 지하철역이 있어서 편합니다. It's convenient because there's a subway station near my house.

- **점심** lunch   읽기 45번

  아침을 못 먹어서 점심을 일찍 먹었습니다. I didn't eat breakfast, so I ate lunch early.

- **도착하다** to arrive   읽기 45번

  저는 학교에 도착하면 커피를 마십니다. I drink coffee when I arrive at school.

- **제일** most   읽기 45번

  한국 음식 중에서 비빔밥이 제일 맛있습니다. Bibimbap is the most delicious Korean food.

- **대학원** graduate school   읽기 50번

  저는 대학교를 졸업한 후에 대학원에 가고 싶습니다.
  I want to go to graduate school after I graduate from university.

- **다니다** to attend   읽기 50번

  동생은 자동차를 만드는 회사에 다닙니다. My younger sibling works at a company that makes cars.

- **모르다** to not know   읽기 50번

  저는 모르는 단어가 있을 때 인터넷에서 찾습니다.
  When I encounter a word I don't know, I look it up on the internet.

- **선배** senior   읽기 50번

  회사에서 선배들이 후배들에게 일을 가르쳐 줍니다.
  At the company, seniors teach their juniors how to work.

- **학교생활** school life   읽기 50번

  공부도 하고 친구도 만나니까 학교생활이 재미있습니다. School life is fun because I study and meet friends.

- **사귀다** to make friends   읽기 50번

  저는 한국에서 친구를 많이 사귀고 싶습니다. I want to make many friends in Korea.

- **수업** class   읽기 54번

  저는 월요일부터 금요일까지 한국어 수업이 있습니다. I have Korean classes from Monday to Friday.

- **예매** booking in advance   읽기 54번

  저는 고향에 가는 비행기표를 한 달 전에 예매했습니다. I booked my flight home a month in advance.

- **소개하다** to introduce   읽기 54번

  친구가 저에게 한국 친구를 소개해 주었습니다. My friend introduced me to a Korean friend.

- **한식** Korean food   읽기 54번

  저는 한식 중에서 비빔밥을 제일 좋아합니다. I like bibimbap the most out of all Korean food.

- **즐겁다** to be fun   읽기 54번

  저는 친구들과 주말을 즐겁게 보냈습니다. I had a fun weekend with my friends.

- **도시** city   읽기 56번

  도시에는 사람이 많고 자동차도 많아서 복잡합니다. Cities are crowded with many people and cars.

- **이용하다** to use   읽기 56번

  학교 도서관을 이용하려면 학생증이 있어야 합니다. You need a student ID to use the school library.

- **편리하다** to be convenient   읽기 56번

  집 근처에 여러 가게가 있어서 생활하기가 편리합니다.

  It's convenient to live near my house because there are many stores nearby.

- **공기** air   읽기 56번

  저는 주말마다 산에 가서 깨끗한 공기를 마십니다. I go to the mountains every weekend to breathe fresh air.

- **쉬다** to rest   읽기 56번

  저는 토요일과 일요일에는 일하지 않고 쉽니다. I don't work on Saturdays and Sundays, I rest.

- **근처** near   읽기 60번

집 근처에 지하철역이 있어서 편합니다. It's convenient because there's a subway station near my house.

- **비싸다** to be expensive   읽기 60번

시장 물건보다 백화점 물건이 비쌉니다. Department store items are more expensive than market items.

- **가깝다** to be close   읽기 60번

저는 가까운 곳에 갈 때 걸어서 갑니다. I walk when I go somewhere close.

- **힘들다** to be difficult   읽기 60번

등산은 힘들지만 좋은 운동입니다. Hiking is difficult but it's good exercise.

- **끝나다** to finish   읽기 60번

오늘 시험이 끝나서 기분이 좋습니다. I feel good because the exam is over today.

- **휴일** holiday   읽기 62번

백화점은 월요일에 휴일이어서 문을 닫습니다.
Department stores are closed on Mondays because it's a holiday.

- **취미** hobby   읽기 62번

제 취미는 그림 그리기입니다. My hobby is drawing.

- **복잡하다** to be crowded   읽기 62번

시장에 사람이 많아서 아주 복잡합니다. The market is very crowded with many people.

- **다니다** to attend   읽기 62번

날씨가 추우면 길에 다니는 사람이 적습니다.
When the weather is cold, there are fewer people walking on the street.

- **사진을 찍다** to take pictures   읽기 62번

아름다운 꽃 옆에서 사진을 찍는 사람들이 많습니다.
There are many people taking pictures next to the beautiful flowers.

- **물건** things   읽기 64번

저는 쓰지 않는 물건을 친구들에게 줍니다. I give things I don't use to my friends.

• **필요 없다** to be unnecessary   읽기 64번

저는 필요 없는 물건을 친구들에게 줍니다. I give things I don't need to my friends.

• **행사** event   읽기 64번

봄에는 꽃 축제, 운동회 같은 행사가 많습니다.
There are many events like flower festivals and sports days in spring.

• **올해** this year   읽기 64번

올해는 작년보다 눈이 많이 옵니다. It snows more this year than last year.

• **참가비** participation fee   읽기 64번

시민 달리기 대회에 참가하려면 참가비를 내야 합니다.
You have to pay a participation fee to participate in the citizens' running competition.

• **기억력** memory   읽기 66번

저는 기억력이 좋아서 단어를 잘 외웁니다. I have a good memory, so I memorize words well.

• **식욕** appetite   읽기 66번

저는 요즘 식욕이 없어서 음식을 조금 먹습니다. I don't have much appetite these days, so I eat a little.

• **적당하다** to be appropriate   읽기 66번

커피는 하루에 1~2잔이 적당합니다. 1~2 cups of coffee per day is appropriate.

• **낮잠을 자다** to take a nap   읽기 66번

저는 주말에는 점심을 먹고 낮잠을 잡니다. On weekends, I take a nap after lunch.

• **피로가 풀리다** to relieve fatigue   읽기 66번

저는 목욕을 하면 피로가 풀립니다. Taking a bath relieves my fatigue.

• **줄이다** to reduce   읽기 66번

바지가 너무 길어서 짧게 줄였습니다. The pants were too long, so I shortened them.

• **특별하다** to be special   읽기 68번

사람들은 생일에 특별한 음식을 먹습니다. People eat special food on their birthdays.

- **재료** ingredients   읽기 68번

음식을 만들기 전에 재료를 깨끗하게 씻어서 준비합니다.
Before cooking, wash the ingredients thoroughly and prepare them.

- **끓이다** to boil   읽기 68번

저는 요리를 못하기 때문에 자주 라면을 끓여서 먹습니다. I can't cook well, so I often boil ramen and eat it.

- **힘이 나다** to gain energy   읽기 68번

힘들 때 맛있는 음식을 먹으면 힘이 납니다. When I'm tired, eating delicious food gives me energy.

- **땀이 나다** to sweat   읽기 68번

더운 날씨에 운동을 하면 땀이 많이 납니다. Exercising in hot weather makes you sweat a lot.

- **버리다** to throw away   읽기 70번

다시 사용할 수 있는 쓰레기는 다른 쓰레기와 따로 버립니다.
Recyclable waste is disposed of separately from other waste.

- **냄새가 나다** to smell   읽기 70번

제가 사용하는 샴푸는 좋은 냄새가 납니다. The shampoo I use smells good.

- **더럽다** to be dirty   읽기 70번

청소를 하지 않아서 방이 더럽습니다. The room is dirty because I haven't cleaned it.

- **찾다** to visit   읽기 70번

제주도는 외국인들이 많이 찾는 관광지입니다.
Jeju Island is a tourist destination visited by many foreigners.

- **바뀌다** to be changed   읽기 70번

이사를 해서 주소가 바뀌었습니다. My address has changed because I moved.

- **경험하다** to experience   읽기 55번

여행을 하면 새로운 것을 경험할 수 있습니다. You can experience new things when you travel.

- **문을 열다** to open   읽기 55번

동대문시장은 1905년에 문을 열었고 지금도 많은 사람들이 이용하는 시장입니다.
Dongdaemun Market opened in 1905 and is still a popular market today.

- **다양하다** to diverse   읽기 55번

  나라마다 요리 방법이 다양합니다. Cooking methods vary from country to country.

- **즐기다** to enjoy   읽기 55번

  저는 여름에 수영을 즐깁니다. I enjoy swimming in the summer.

- **찾아오다** to visit   읽기 55번

  요즘 많은 외국인들이 한국을 찾아옵니다. Many foreigners visit Korea these days.

- **기숙사** dormitory   읽기 59번

  집이 먼 학생들이 학교 기숙사에서 삽니다. Students whose homes are far away live in school dormitories.

- **조용히** quietly   읽기 59번

  도서관에서는 이야기하지 않고 조용히 공부해야 합니다.
  You should study quietly in the library without talking.

- **도와주다** to help   읽기 59번

  친구가 이사할 때 제가 도와주었습니다. I helped my friend when he was moving.

- **혼자** alone   읽기 59번

  저는 가족과 같이 살지 않고 혼자 삽니다. I don't live with my family, I live alone.

- **학교생활** school life   읽기 59번

  저는 고등학생 때 학교생활이 재미있었습니다. I enjoyed my school life when I was in high school.

- **달** month   읽기 61번

  일 년은 열두 달입니다. There are twelve months in a year.

- **이사** move   읽기 61번

  지금 사는 집이 너무 작아서 큰 집으로 이사를 하고 싶습니다.
  I want to move to a bigger house because the house I live in now is too small.

- **조용하다** to be quiet   읽기 61번

  도서관이 조용해서 공부하기가 좋습니다. The library is quiet, so it's good for studying.

- **올라가다** to go up   읽기 61번

  저는 엘리베이터를 타지 않고 걸어서 올라갑니다. I walk up the stairs instead of taking the elevator.

- **스트레스가 풀리다** to relieve stress   읽기 61번

  저는 매운 음식을 먹으면 스트레스가 풀립니다. Eating spicy food relieves my stress.

- **괜찮다** to be okay   읽기 61번

  어제는 머리가 많이 아팠지만 지금은 괜찮습니다. I had a bad headache yesterday, but I'm okay now.

- **살을 빼다** to lose weight   읽기 67번

  저는 살을 빼려고 음식을 조금 먹습니다. I eat a little to lose weight.

- **살이 빠지다** to lose flesh   읽기 67번

  땀을 많이 흘리면 살이 빠집니다. You lose weight when you sweat a lot.

- **심하다** to be severe   읽기 67번

  어제 감기가 심해서 학교에 가지 못했습니다. I couldn't go to school yesterday because my cold was severe.

- **살이 찌다** to gain weight   읽기 67번

  많이 먹고 운동을 하지 않으면 살이 찝니다. If you eat a lot and don't exercise, you gain weight.

- **적당하다** to be appropriate   읽기 67번

  보통 30분 정도 운동을 하면 적당합니다. Usually, exercising for about 30 minutes is appropriate.

- **소풍** picnic   읽기 69번

  소풍을 갈 때 저는 김밥을 준비합니다. I prepare gimbap when I go on a picnic.

- **이기다** to win   읽기 69번

  축구 시합에서 우리 팀이 이기면 기분이 좋습니다. I feel good when my team wins a soccer game.

- **자랑** boast   읽기 69번

  친구들은 좋은 것이 있으면 다른 친구들에게 자랑을 합니다.
  Friends boast to other friends when they have something good.

- **부럽다** to be envious   읽기 69번

  저는 한국말을 잘하는 친구가 부럽습니다. I'm envious of my friend who is good at Korean.

- **그립다** to miss 읽기 69번

오랫동안 가족들을 만나지 못해서 많이 그립습니다.
I miss my family a lot because I haven't seen them for a long time.

- **산책** walk 읽기 57번

저는 매일 강아지와 산책을 합니다. I take a walk with my dog every day.

- **시끄럽다** to be noisy 읽기 57번

밖이 시끄러워서 잘 자지 못했습니다. I couldn't sleep well because it was noisy outside.

- **걷다** to walk 읽기 57번

저는 버스를 타지 않고 걸어서 학교에 갔습니다. I walked to school instead of taking the bus.

- **끝내다** to finish 읽기 57번

저는 저녁을 먹기 전에 숙제를 끝냅니다. I finish my homework before eating dinner.

- **쉬다** to rest 읽기 57번

주말에는 학교에 가지 않고 집에서 쉽니다. I don't go to school on weekends and rest at home.

- **꼭** definitely 읽기 58번

약속을 하면 꼭 지켜야 합니다. If you make a promise, you must definitely keep it.

- **필요하다** to need 읽기 58번

외국 여행을 하려면 여권이 필요합니다. You need a passport to travel abroad.

- **대부분** most 읽기 58번

학생들은 대부분 시험을 싫어합니다. Most students dislike exams.

- **바꾸다** to change 읽기 58번

새로 산 옷이 작아서 큰 것으로 바꿨습니다.
I exchanged the new clothes I bought for a larger size because they were small.

- **돈이 들다** to cost money 읽기 58번

집에서 요리하지 않고 식당에서 먹으면 돈이 많이 듭니다.
If you don't cook at home and eat at a restaurant, it costs a lot of money.

MEMO

3

실전 모의고사

Practice test

※ 실제 시험의 유형과 난이도에 맞춰 실전 모의고사를 구성하였습니다.
  실제 시험 시간에 맞춰 실전 모의고사를 풀고, 교재 뒤에 있는 OMR 답안지에 답을 체크해
  보는 연습을 해 보세요.

한국어능력시험 실전 모의고사

Test of Proficiency in Korean
Practice test

TOPIK I

듣기, 읽기
(Listening, Reading)

수험번호(Registration No.)		
이름 (Name)	한국어(Korean)	
	영 어(English)	

유 의 사 항
Information

1. 시험 시작 지시가 있을 때까지 문제를 풀지 마십시오.

    Do not open the booklet until you are allowed to start.

2. 수험번호와 이름을 정확하게 적어 주십시오.

    Write your name and registration number on the answer sheet.

3. 답안지를 구기거나 훼손하지 마십시오.

    Do not fold the answer sheet; keep it clean.

4. 답안지의 이름, 수험번호 및 정답의 기입은 배부된 펜을 사용하여 주십시오.

    Use the given pen only.

5. 정답은 답안지에 정확하게 표시하여 주십시오.

    Mark your answer accurately and clearly on the answer sheet.

    marking example   ① ● ③ ④

6. 문제를 읽을 때에는 소리가 나지 않도록 하십시오.

    Keep quiet while answering the questions.

7. 질문이 있을 때에는 손을 들고 감독관이 올 때까지 기다려 주십시오.

    When you have any questions, please raise your hand.

TOPIK Ⅰ 듣기(1번~30번)

듣기
음성 파일

※ [1~4] 다음을 듣고 〈보기〉와 같이 물음에 맞는 대답을 고르십시오.

Track 31

─── 〈보 기〉 ───

가: 한국말을 배워요?

나: _____

❶ 네. 한국말을 배워요.   ② 네. 한국말을 몰라요.

③ 아니요. 한국말이 어려워요.   ④ 아니요. 한국말 좋아해요.

1. **(4점)**
① 네. 은행이에요.   ② 네. 은행에 있어요.
③ 아니요. 은행이 없어요.   ④ 아니요. 은행원이 아니에요.

2. **(4점)**
① 네. 점심에 만나요.   ② 네. 점심을 먹어요.
③ 아니요. 점심이 맛없어요.   ④ 아니요. 점심을 좋아하지 않아요.

3. **(3점)**
① 남자예요.   ② 마이클이에요.
③ 회사원이에요.   ④ 미국 사람이에요.

4. **(3점)**
① 걸어서 가요.   ② 학교에 안 가요.
③ 학교가 좀 멀어요.   ④ 날마다 학교에 가요.

※ [5~6] 다음을 듣고 〈보기〉와 같이 이어지는 말을 고르십시오.

〈 보 기 〉

가: 죄송합니다.

나: _____

① 감사합니다.   ② 미안합니다.
❸ 괜찮습니다.   ④ 반갑습니다.
---

5. **(4점)**
   ① 미안해요.   ② 고마워요.
   ③ 괜찮아요.   ④ 축하해요.

6. **(3점)**
   ① 미안합니다.   ② 어서 오십시오.
   ③ 잘 먹겠습니다.   ④ 잘 지냈습니다.

※ [7~10] 여기는 어디입니까? 〈보기〉와 같이 알맞은 것을 고르십시오.

〈 보 기 〉

가: 여자 옷은 몇 층에 있어요?

나: 4층입니다.

① 서점   ❷ 백화점   ③ 편의점   ④ 우체국
---

7. **(3점)**
   ① 시청 앞   ② 버스 앞   ③ 택시 안   ④ 서울역 앞

8. **(3점)**
   ① 옷 가게   ② 가방 가게   ③ 모자 가게   ④ 신발 가게

9. **(3점)**

① 서점   ② 교실   ③ 문구점   ④ 도서관

10. **(4점)**

① 병원   ② 학교   ③ 미용실   ④ 백화점

※ [11~14] 다음은 무엇에 대해 말하고 있습니까? 〈보기〉와 같이 알맞은 것을 고르십시오.

〈보 기〉

가: 동생이 있어요?

나: 아니요. 언니만 있어요.

① 고향   ② 나이   ❸ 가족   ④ 나라

---

11. **(3점)**

① 직업   ② 이름   ③ 국적   ④ 취미

12. **(3점)**

① 계절   ② 날씨   ③ 위치   ④ 고향

13. **(4점)**

① 값   ② 맛   ③ 선물   ④ 여행

14. **(3점)**

① 시간   ② 요일   ③ 휴일   ④ 날짜

※ [15~16] 다음을 듣고 가장 알맞은 그림을 고르십시오. (각 4점)

15. ①    ②

③    ④

16. ①    ②

③    ④

※ [17~21] 다음을 듣고 〈보기〉와 같이 대화 내용과 같은 것을 고르십시오. (각 3점)

┌─────────────────────── 〈보 기〉 ───────────────────────┐

여자: 어디에 여행을 갔어요?

남자: 친구들과 부산에 갔어요.

① 여자는 여행을 좋아합니다.　　　　　　② 여자는 친구들과 만납니다.

❸ 남자는 여행을 갔다 왔습니다.　　　　　④ 남자는 가족들과 여행을 갔습니다.

└───┘

17. ① 남자는 친구가 없습니다.

　　② 여자는 휴가 계획이 없습니다.

　　③ 여자는 휴가 때 여행을 갈 겁니다.

　　④ 남자는 여자와 여행을 가고 싶어 합니다.

18. ① 남자는 요리를 잘합니다.

　　② 여자는 요리를 배우고 있습니다.

　　③ 남자는 보통 집에서 식사합니다.

　　④ 여자는 작년부터 회사에 다녔습니다.

19. ① 여자는 음료수를 살 겁니다.

　　② 남자는 혼자 편의점에 갈 겁니다.

　　③ 여자는 과자를 사고 싶어 합니다.

　　④ 남자는 편의점에 가고 싶어 하지 않습니다.

20. ① 남자는 토픽 시험을 볼 겁니다.

　　② 남자는 대학교를 졸업했습니다.

　　③ 여자는 토픽 시험을 준비합니다.

　　④ 여자는 대학교에 가고 싶어 합니다.

21. ① 남자는 은행원입니다.

② 여자는 예약을 하지 않았습니다.

③ 남자는 창가 자리를 좋아합니다.

④ 여자는 다른 식당에서 식사를 할 겁니다.

※ **[22~24] 다음을 듣고 여자의 중심 생각을 고르십시오. (각 3점)**

22. ① 주말에 바쁘지 않았으면 좋겠습니다.

② 주말에 집안일을 하는 것이 좋습니다.

③ 민수 씨가 주말을 즐겁게 보내면 좋겠습니다.

④ 민수 씨하고 같이 취미 생활을 하고 싶습니다.

23. ① 저녁을 꼭 먹어야 합니다.

② 가벼운 운동을 하면 잠을 잘 잘 수 있습니다.

③ 저녁을 많이 먹는 것은 건강에 좋지 않습니다.

④ 잠을 잘 수 없으면 병원에 가는 것이 좋습니다.

24. ① 표를 빨리 사야 합니다.

② 같이 여행을 가고 싶습니다.

③ 비행기표를 예매할 필요가 없습니다.

④ 제주도에 가려면 비행기를 타야 합니다.

25. 여자가 왜 이 이야기를 하고 있는지 고르십시오. **(3점)**
    ① 신청 방법을 안내하려고
    ② 마라톤 대회를 알리려고
    ③ 행사장의 위치를 설명하려고
    ④ 마라톤 대회의 필요성을 말해 주려고

26. 들은 내용과 같은 것을 고르십시오. **(4점)**
    ① 마라톤 대회 티셔츠는 2만 원입니다.
    ② 내일 회사에서 마라톤 대회를 합니다.
    ③ 마라톤 대회는 무료로 참가할 수 있습니다.
    ④ 마라톤 대회에 참가하면 선물을 받습니다.

27. 두 사람이 무엇에 대해 이야기를 하고 있는지 고르십시오. **(3점)**
    ① 연기를 하는 가수
    ② 요즘 인기 있는 드라마
    ③ 드라마가 인기 있는 이유
    ④ 가수가 드라마에 나오는 이유

28. 들은 내용과 같은 것을 고르십시오. **(4점)**
    ① 남자는 드라마를 자주 봅니다.
    ② 여자는 연기를 하고 싶어 합니다.
    ③ 여자는 드라마를 본 적이 없습니다.
    ④ 남자는 가수들이 연기하는 것을 좋아하지 않습니다.

※ **[29~30] 다음을 듣고 물음에 답하십시오.**

29. 남자가 이 책을 쓴 이유를 고르십시오. **(3점)**
  ① 책을 쓰는 것을 좋아해서
  ② 방송에 나온 요리를 알리고 싶어서
  ③ 행복하게 사는 방법을 소개하고 싶어서
  ④ 쉽게 요리히는 방법을 알려 주고 싶어서

30. 들은 내용과 같은 것을 고르십시오. **(4점)**
  ① 남자는 식당에서 일합니다.
  ② 남자가 하는 요리 방송은 인기가 많습니다.
  ③ 남자는 1년 전부터 책을 쓰기 시작했습니다.
  ④ 남자는 요리 방송이 힘들어서 그만두었습니다.

TOPIK I 읽기(31번~70번)

※ **[31~33]** 무엇에 대한 내용입니까? 〈보기〉와 같이 알맞은 것을 고르십시오. (각 2점)

〈보 기〉

저는 스무 살입니다. 동생은 열여덟 살입니다.

① 요일　　　　② 계절　　　　❸ 나이　　　　④ 날짜

31.

여름은 덥습니다. 겨울은 춥습니다.

① 나라　　　　② 직업　　　　③ 계절　　　　④ 시간

32.

음식을 만듭니다. 음식이 맛있습니다.

① 쇼핑　　　　② 공부　　　　③ 운동　　　　④ 요리

33.

오늘은 학교에 안 갑니다. 집에서 쉽니다.

① 휴일　　　　② 공부　　　　③ 운동　　　　④ 날짜

※ [34~39] 〈보기〉와 같이 (   )에 들어갈 말로 가장 알맞은 것을 고르십시오.

〈보 기〉

날씨가 춥습니다. (   )을 입습니다.

❶ 옷   ② 일   ③ 물   ④ 집

---

34. **(2점)**

지하철을 (   ). 아주 빠릅니다.

① 잡니다   ② 탑니다   ③ 보냅니다   ④ 바꿉니다

35. **(2점)**

머리가 아픕니다. (   )에 갑니다.

① 은행   ② 시장   ③ 학교   ④ 병원

36. **(2점)**

저는 경찰입니다. 길에서 사람들을 (   ).

① 물어봅니다   ② 올라갑니다   ③ 기다립니다   ④ 도와줍니다

37. **(3점)**

가게 점원이 (   ). 손님이 많습니다.

① 심심합니다   ② 친절합니다   ③ 한가합니다   ④ 깨끗합니다

38. **(3점)**

시간이 없습니다. (   ) 준비합니다.

① 빨리   ② 많이   ③ 오래   ④ 조용히

39. **(2점)**

저는 드라마를 좋아합니다. 영화(   ) 좋아합니다.

① 를   ② 만   ③ 도   ④ 에

※ [40~42] 다음을 읽고 맞지 <u>않는</u> 것을 고르십시오. (각 3점)

40.

① 천이백 원입니다.
② 소고기 맛입니다.
③ 오월까지 팝니다.
④ 이것은 라면입니다.

41.

- 공사 안내 -

- 횡단보도, 신호등 설치
- 기간: 10월 5일~10월 25일

통행에 불편을 드려서 죄송합니다.

① 유월에 합니다.
② 공사를 합니다.
③ 통행이 불편합니다.
④ 횡단보도를 만듭니다.

42.

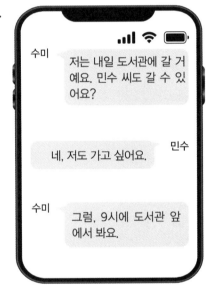

수미: 저는 내일 도서관에 갈 거예요. 민수 씨도 갈 수 있어요?

민수: 네, 저도 가고 싶어요.

수미: 그럼, 9시에 도서관 앞에서 봐요.

① 수미 씨는 내일 도서관에 갑니다.
② 민수 씨는 지금 도서관에 있습니다.
③ 수미 씨는 내일 민수 씨를 만납니다.
④ 민수 씨는 내일 9시에 도서관 앞에 갑니다.

※ **[43~45] 다음을 읽고 내용이 같은 것을 고르십시오.**

43. **(3점)**

> 저는 사진을 많이 찍습니다. 그래서 좋은 카메라가 있습니다. 내일은 친구들과 북한산에서 사진을 찍을 겁니다.

① 저는 내일 북한산에 갈 겁니다.
② 저는 내일 카메라를 살 겁니다.
③ 제 친구는 사진을 많이 찍습니다.
④ 저는 휴대전화로 사진을 찍습니다.

44. **(2점)**

> 저는 어제 친구와 영화를 봤습니다. 영화가 아주 슬펐습니다. 다음에는 친구와 즐거운 영화를 볼 겁니다.

① 저는 혼자 영화를 봤습니다.
② 저는 어제 친구를 만났습니다.
③ 저는 즐거운 영화를 봤습니다.
④ 저는 다음에 슬픈 영화를 볼 겁니다.

45. **(3점)**

> 어제 친구가 저에게 문자메시지를 보냈습니다. 하지만 제가 너무 바빠서 메시지를 보지 못했습니다. 나중에 친구에게 전화를 했지만 친구가 전화를 받지 않았습니다.

① 저는 어제 아주 바빴습니다.
② 저는 전화를 받지 못했습니다.
③ 친구가 저에게 전화를 했습니다.
④ 친구가 문자메시지를 보지 않았습니다.

※ **[46~48] 다음을 읽고 중심 내용을 고르십시오.**

46. **(3점)**

> 저는 여행하는 것을 아주 좋아합니다. 하지만 지금은 너무 추워서 여행을 하기가 어렵습니다. 따뜻한 봄이 오면 여기저기 여행을 할 겁니다.

① 저는 혼자 여행을 가고 싶습니다.

② 저는 봄에 여행을 하려고 합니다.

③ 저는 따뜻한 곳에 가고 싶습니다.

④ 저는 여행사에서 일하려고 합니다.

47. **(3점)**

> 제 동생은 춤을 잘 춥니다. 동생이 춤을 추면 아주 멋있습니다. 저도 멋있는 춤을 배우고 싶습니다.

① 저는 춤을 잘 추고 싶습니다.

② 저는 멋있는 춤을 보고 싶습니다.

③ 저는 동생과 같이 춤을 추고 싶습니다.

④ 저는 동생에게 춤을 가르치고 싶습니다.

48. **(2점)**

> 저는 한국 드라마를 많이 봅니다. 그렇지만 한국말을 잘 몰라서 이해하기가 어렵습니다. 이번 방학에는 한국어 공부를 시작하려고 합니다.

① 저는 한국에 갈 겁니다.

② 저는 한국어를 공부할 겁니다.

③ 저는 한국에서 공부하고 싶습니다.

④ 저는 한국 드라마를 보고 싶습니다.

※ **[49~50] 다음을 읽고 물음에 답하십시오. (각 2점)**

> 저는 대학 병원에서 일하는 간호사입니다. 아픈 환자들을 도와주는 일을 합니다. 제 도움이 필요한 환자들을 생각하면서 열심히 일합니다. 가끔 밤에 일할 때는 힘들고 피곤합니다. (㉠) 환자들이 저에게 감사 인사를 할 때 정말 기분이 좋습니다. 저는 더 좋은 간호사가 되고 싶습니다.

49. ㉠에 들어갈 말로 가장 알맞은 것을 고르십시오.
   ① 그래서   ② 그리고   ③ 그러면   ④ 그렇지만

50. 윗글의 내용과 같은 것을 고르십시오.
   ① 저는 매일 밤에 일합니다.
   ② 저는 간호사가 되고 싶습니다.
   ③ 저는 병원에서 환자들을 도와줍니다.
   ④ 저는 일이 힘들고 피곤할 때가 많습니다.

인주시에서 '여름 음악회'에 여러분을 초대합니다. 매년 여름에 열리는 이 음악회는 이번에도 재미있는 프로그램이 많습니다. 가족, 친구들과 함께 더운 여름을 시원하게 보낼 수 있습니다. 이 음악회는 인터넷으로 신청을 받습니다. 인주시 홈페이지에 (㉠) 날짜와 시간을 선택하고 신청하시면 됩니다.

51. ㉠에 들어갈 말로 가장 알맞은 것을 고르십시오. **(3점)**
   ① 들어가서
   ② 들어가면
   ③ 들어가지만
   ④ 들어가려고

52. 무엇에 대한 내용인지 맞는 것을 고르십시오. **(2점)**
   ① 음악회를 여는 이유
   ② 음악회를 신청하는 방법
   ③ 음악회에서 볼 수 있는 공연
   ④ 음악회가 열리는 날짜와 시간

> 저는 머리를 자르러 미용실에 갔습니다. 제가 좋아하는 배우의 사진을 가지고 갔습니다. 저도 그 배우처럼 머리를 자르고 싶었습니다. 미용사에게 사진을 보여 주고 의자에 앉았습니다. 미용사가 제 머리를 (㉠) 거울을 봤습니다. 머리 모양이 마음에 들었습니다.

53. ㉠에 들어갈 말로 가장 알맞은 것을 고르십시오. **(2점)**
   ① 자른 후에
   ② 자르기 전에
   ③ 자르기 때문에
   ④ 자르기 위해서

54. 윗글의 내용과 같은 것을 고르십시오. **(3점)**
   ① 저는 사진을 찍으러 갔습니다.
   ② 저는 미용사가 되고 싶었습니다.
   ③ 저는 좋아하는 배우를 만났습니다.
   ④ 저는 미용실에서 머리를 잘랐습니다.

※ [55~56] 다음을 읽고 물음에 답하십시오.

> 오늘부터 한강 공원에서 '밖으로 나온 도서관'이 시작됐습니다. 사람들이 책을 빌리러 도서관에 가는 것이 아니라 도서관이 사람들을 찾아가는 것입니다. 사람들은 공원에서 산책도 하고 (㉠   ) 시원한 곳에서 읽습니다. 이 도서관은 매주 다른 장소에서 열리는데 책을 빌리려면 신분증이 필요합니다.

55. ㉠에 들어갈 말로 가장 알맞은 것을 고르십시오. **(2점)**
   ① 읽고 싶은 책을 사서
   ② 읽고 싶은 책을 빌려서
   ③ 좋아하는 책을 만들어서
   ④ 좋아하는 책을 주문해서

56. 윗글의 내용과 같은 것을 고르십시오. **(3점)**
   ① 이 도서관은 사람들을 찾아갑니다.
   ② 이 도서관은 오래전에 시작됐습니다.
   ③ 이 도서관은 누구든지 책을 빌려줍니다.
   ④ 이 도서관은 한 달간 한강 공원에 있습니다.

57. **(3점)**

> (가) 그런데 일이 생겨서 나갈 수 없었습니다.
>
> (나) 어제 저녁에 친구와 만날 약속이 있었습니다.
>
> (다) 전화를 받는 친구의 목소리가 좋지 않았습니다.
>
> (라) 그래서 친구에게 전화를 해서 약속을 취소했습니다.

① (가)-(라)-(다)-(나)　　　　② (가)-(다)-(라)-(나)

③ (나)-(가)-(라)-(다)　　　　④ (나)-(라)-(가)-(다)

58. **(2점)**

> (가) 보통 매운 음식을 먹으면 기분이 좋아집니다.
>
> (나) 배가 아파지거나 여러 가지 병이 생길 수 있습니다.
>
> (다) 하지만 매운 음식을 너무 많이 먹으면 안 됩니다.
>
> (라) 그래서 사람들은 스트레스가 쌓일 때 매운 음식을 먹습니다.

① (가)-(라)-(다)-(나)　　　　② (가)-(다)-(라)-(나)

③ (나)-(다)-(가)-(라)　　　　④ (나)-(가)-(다)-(라)

저는 여행 동영상을 많이 봅니다. 여러 나라를 여행하는 이야기가 아주 재미있습니다. (㉠) 저도 동영상에서 본 나라들을 여행하고 싶습니다. (㉡) 학교에 다니면서 아르바이트를 하는 것이 힘들지만 열심히 일하고 있습니다. (㉢) 방학이 되면 모은 돈으로 여행을 갈 생각입니다. (㉣)

59. 다음 문장이 들어갈 곳으로 가장 알맞은 것을 고르십시오. (2점)

그래서 요즘 아르바이트를 해서 돈을 모으고 있습니다.

① ㉠   ② ㉡   ③ ㉢   ④ ㉣

60. 윗글의 내용과 같은 것을 고르십시오. (3점)

① 저는 다른 나라에서 일하고 싶습니다.

② 저는 여행 동영상을 만들고 싶습니다.

③ 저는 돈을 모아서 여행을 하고 싶습니다.

④ 저는 학교에 다니고 싶어서 아르바이트를 합니다.

저는 오늘 고등학교 때 친구의 전화를 받았습니다. 우리는 학교를 졸업한 후에 한 번도 연락을 한 적이 없습니다. 그런데 친구가 (㉠) 저는 깜짝 놀랐습니다. 친구의 목소리는 아주 밝았습니다. 우리는 옛날처럼 많은 이야기를 했습니다. 오랜만에 통화를 했지만 매일 만난 것 같았습니다. 다음에는 정말로 친구를 만나고 싶습니다.

61. ㉠에 들어갈 말로 가장 알맞은 것을 고르십시오.

　① 오랜만에 찾아와서　　　　　② 갑자기 전화를 해서

　③ 전화를 받지 않아서　　　　　④ 이야기를 많이 해서

62. 윗글의 내용과 같은 것을 고르십시오.

　① 저는 친구와 매일 만납니다.

　② 저는 친구와 자주 전화를 합니다.

　③ 저는 친구와 옛날이야기를 했습니다.

　④ 저는 친구와 같은 학교에 다녔습니다.

※ [63~64] 다음을 읽고 물음에 답하십시오.

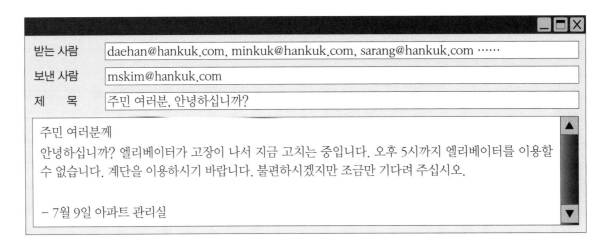

받는 사람 daehan@hankuk.com, minkuk@hankuk.com, sarang@hankuk.com ……

보낸 사람 mskim@hankuk.com

제 목 주민 여러분, 안녕하십니까?

주민 여러분께
안녕하십니까? 엘리베이터가 고장이 나서 지금 고치는 중입니다. 오후 5시까지 엘리베이터를 이용할 수 없습니다. 계단을 이용하시기 바랍니다. 불편하시겠지만 조금만 기다려 주십시오.

– 7월 9일 아파트 관리실

63. 왜 윗글을 썼는지 맞는 것을 고르십시오. **(2점)**

① 엘리베이터 고장을 알리려고

② 엘리베이터 관리를 부탁하려고

③ 엘리베이터 이용 시간을 바꾸려고

④ 엘리베이터 이용 방법을 설명하려고

64. 윗글의 내용과 같은 것을 고르십시오. **(3점)**

① 엘리베이터를 관리할 사람이 필요합니다.

② 엘리베이터를 이용하는 방법이 어렵습니다.

③ 엘리베이터가 없어서 새로 만들어야 합니다.

④ 엘리베이터를 오후 5시부터 이용할 수 있습니다.

※ **[65~66] 다음을 읽고 물음에 답하십시오.**

> 우리는 종이로 책이나 공책을 만들고 화장실에서 사용하는 휴지도 만듭니다. 그리고 한 번 사용하고 버리는 컵도 만듭니다. 종이로 생활에 필요한 여러 가지를 만들 수 있어서 우리는 편리한 생활을 할 수 있습니다. 그런데 종이를 많이 사용하면 나무가 없어집니다. 종이는 나무로 (㉠   ). 나무를 지키려면 종이를 아껴서 사용해야 합니다.

65. ㉠에 들어갈 말로 가장 알맞은 것을 고르십시오. **(2점)**
   ① 만들어도 됩니다
   ② 만들면 안 됩니다
   ③ 만들기 때문입니다
   ④ 만든 적이 있습니다

66. 윗글의 내용과 같은 것을 고르십시오. **(3점)**
   ① 종이는 우리의 생활을 편리하게 합니다.
   ② 한 번 사용한 컵은 버리는 것이 좋습니다.
   ③ 종이보다 나무로 물건을 만들면 좋습니다.
   ④ 종이로 만든 물건은 생활에 필요하지 않습니다.

> 햇빛은 우리 몸이 병과 싸울 수 있는 에너지를 줍니다. 햇빛을 받아서 만든 에너지는 여러 가지 병을 막아 줍니다. 사람들은 (ⓣ) 기분이 나빠지고 몸이 피곤해집니다. 우리의 몸과 마음을 건강하게 하는 햇빛 에너지가 부족하기 때문입니다. 겨울에는 날씨가 추워서 실내에서 생활하는 시간이 깁니다. 이때에는 햇빛이 좋은 시간에 밖에 나가서 걸으면 좋습니다.

67. ⓣ에 들어갈 말로 가장 알맞은 것을 고르십시오.

① 날씨가 더워지면
② 몸에 병이 생기면
③ 햇빛을 받지 못하면
④ 햇빛 에너지가 강하면

68. 윗글의 내용과 같은 것을 고르십시오.

① 햇빛은 여러 가지 병이 생기게 합니다.
② 햇빛은 날씨가 추울 때는 필요 없습니다.
③ 햇빛은 사람들의 몸을 건강하게 만듭니다.
④ 햇빛은 실내에서 사는 사람에게 필요합니다.

얼마 전 저는 새집으로 이사를 했습니다. 새집은 방이 크고 밝아서 아주 마음에 듭니다. 그리고 큰 창문이 있어서 바람도 잘 들어옵니다. 예전에는 방도 넓지 않고 화장실도 작아서 생활하기가 불편했습니다. 작은 방에 (㉠   ) 상자와 큰 가방에 물건을 넣고 살았습니다. 하지만 이제는 책상도 있고 옷장도 있어서 물건을 깨끗하게 정리할 수 있습니다. 이 집은 같은 학교에 다니는 친구가 소개해 주었습니다. 친구가 살고 있는 집과 가까워서 이제는 학교에 갈 때 친구와 같이 갑니다. 이번 주말에 친구를 초대해서 고향 음식을 만들어 주려고 합니다.

69. ㉠에 들어갈 말로 가장 알맞은 것을 고르십시오.

① 들어가기가 불편해서

② 화장실이 넓지 않아서

③ 가구를 놓을 수 없어서

④ 친구를 초대할 수 없어서

70. 윗글의 내용으로 알 수 있는 것을 고르십시오.

① 친구는 주말에 저를 초대하려고 합니다.

② 새집에 책상과 옷장이 없어서 불편합니다.

③ 제가 이사한 집은 친구 집에서 가깝습니다.

④ 예전에는 방이 크고 밝은 집에서 살았습니다.

MEMO

MEMO

MEMO

한국어능력시험

TOPIK I

한권으로 끝내기

Master TOPIK I with One Book

한국어능력시험

TOPIK I
한권으로 끝내기

Master TOPIK I with One Book

전나영 · 손성희 (연세대학교 한국어학당 교수) 공저

+ 본문 영어 번역 수록

Intensive Course for TOPIK I Success

합격특강

| 정답 및 풀이 |

정답 및 풀이

Answer & Explanation

듣기 **정답 및 풀이** Listening Answer & Explanation

읽기 **정답 및 풀이** Reading Answer & Explanation

실전 모의고사 **정답 및 풀이** Practice test Answer & Explanation

듣기 | 정답 및 풀이 Listening Answer & Explanation

유형 ❶ 대답하기 Type 1 Responding

❶ '네/아니요'로 대답하기 Answering with 'Yes/No'

1 ①

듣기 지문

남자: 회사원이에요?

풀이

'회사원이에요?'라는 질문에는 '네. 회사원이에요.' 또는 '아니요. 회사원이 아니에요.'라는 대답이 좋다. 각 선택지와 관련된 대화는 다음과 같다.
① 남자: 회사원이에요?
　여자: 네. 회사원이에요.
② 남자: 회사원이 좋아요?
　여자: 네. 회사원이 좋아요.
③ 남자: 학생이에요?
　여자: 아니요. 회사원이에요.
④ 남자: 회사원이 적어요?
　여자: 아니요. 회사원이 많아요.

Listening Passage

M: Are you an office worker?

Explanation

For questions that ask '회사원이에요?', '네. 회사원이에요.' or '아니요. 회사원이 아니에요.' is a good answer. Conversations related to each answer choice are as follows.
① M: Are you an office worker?
　W: Yes, I'm an office worker.
② M: Do you like being an office worker?
　W: Yes, I like being an office worker.
③ M: Are you a student?
　W: No, I'm an office worker.
④ M: Are there few office workers?
　W: No, there are many office workers.

2 ③

듣기 지문

여자: 한국 친구가 있어요?

풀이

'한국 친구가 있어요?'라는 질문에는 '네. 한국 친구가 있어요.' 또는 '아니요. 한국 친구가 없어요.'라는 대답이 좋다. 각 선택지와 관련된 대화는 다음과 같다.
① 여자: 한국 친구예요?
　남자: 네. 한국 친구예요.
② 여자: 한국 친구를 만나요?
　남자: 네. 한국 친구를 만나요.
③ 여자: 한국 친구가 있어요?
　남자: 아니요. 한국 친구가 없어요.

Listening Passage

W: Do you have a Korean friend?

Explanation

For questions that ask '한국 친구가 있어요?', '네. 한국 친구가 있어요.' or '아니요. 한국 친구가 없어요.' is a good answer. Conversations related to each answer choice are as follows.
① W: Is he/she a Korean friend?
　M: Yes, he/she is a Korean friend.
② W: Do you meet your Korean friend?
　M: Yes, I meet my Korean friend.
③ W: Do you have a Korean friend?
　M: No, I don't have a Korean friend.

④ 여자: 한국 친구예요?
　　남자: 아니요. 한국 친구가 아니에요.

④ W: Is he/she a Korean friend?
　　M: No, he/she is not a Korean friend.

❷ 의문사 질문에 대답하기 Answering questions with interrogative words

3 ③

듣기 지문

남자: 이게 무엇이에요?

풀이

'이게 무엇이에요?'라는 질문에는 무슨 물건인지를 대답해야 한다. 그러므로 '책이에요.' 또는 '생일 선물이에요.' 등의 대답이 좋다. 각 선택지와 관련된 대화는 다음과 같다.
① 남자: 무엇을 먹어요?
　　여자: 빵을 먹어요.
② 남자: 누구예요?
　　여자: 제 동생이에요.
③ 남자: 이게 무엇이에요?
　　여자: 생일 선물이에요.
④ 남자: 어디에서 친구를 만나요?
　　여자: 카페에서 만나요.

Listening Passage

M: What is this?

Explanation

For questions that ask '이게 무엇이에요?', you should answer by specifying the object. Therefore, answers like '책이에요.' or '생일 선물이에요.' are good. Here are some conversations related to each answer choice.
① M: What are you eating?
　　W: I'm eating bread.
② M: Who is it?
　　W: It's my younger sibling.
③ M: What is this?
　　W: It's a birthday present.
④ M: Where are you meeting your friend?
　　W: I'm meeting them at a cafe.

4 ①

듣기 지문

여자: 무슨 운동을 좋아해요?

풀이

'무슨 운동을 좋아해요?'라는 질문에는 좋아하는 운동을 대답해야 한다. 그러므로 '농구를 좋아해요.' 또는 '축구를 좋아해요.' 등의 대답이 좋다. 각 선택지와 관련된 대화는 다음과 같다.
① 여자: 무슨 운동을 좋아해요?
　　남자: 축구를 좋아해요.
② 여자: 어디에서 운동을 해요?
　　남자: 체육관에서 해요.
③ 여자: 무엇을 좋아해요?
　　남자: 운동을 좋아해요.

Listening Passage

W: What sport do you like?

Explanation

For questions that ask '무슨 운동을 좋아해요?', you should answer with your favorite sport. Therefore, answers like '농구를 좋아해요.' or '축구를 좋아해요.' are good. Here are some conversations related to each answer choice.
① W: What sport do you like?
　　M: I like soccer.
② W: Where do you exercise?
　　M: I exercise at the gym.
③ W: What do you like?
　　M: I like exercising.

④ 여자: 누구와 운동을 해요?

남자: 친구와 운동을 해요.

④ W: Who do you exercise with?

M: I exercise with my friends.

❸ 대화 완성하기 | Completing conversations

5 ②

듣기 지문

남자: 죄송해요.

Listening Passage

M: I'm sorry.

풀이

'죄송해요.'라는 말에는 '괜찮아요.'라는 대답이 좋
다. 각 선택지와 관련된 대화는 다음과 같다.

① 남자: 이거 생일 선물이에요.

여자: 고마워요.

② 남자: 죄송해요.

여자: 괜찮아요.

③ 남자: 오랜만이에요.

여자: 반가워요.

④ 남자: 안녕히 가세요.

여자: 안녕히 계세요.

Explanation

To the phrase '죄송해요.', '괜찮아요.' is a good response.
Conversations related to each answer choice are as follows.

① M: This is a birthday present.

W: Thank you.

② M: I'm sorry.

W: It's okay.

③ M: Long time no see.

W: Nice to see you.

④ M: Goodbye.

W: Goodbye.

6 ①

듣기 지문

여자: 이리로 오세요.

Listening Passage

W: Come this way.

풀이

'이리로 오세요.'라는 말에는 '네. 알겠습니다.' 또
는 '네. 가겠습니다.'라는 대답이 좋다. 각 선택지
와 관련된 대화는 다음과 같다.

① 여자: 이리로 오세요.

남자: 네. 알겠습니다.

② 여자: 이게 뭐예요?

남자: 잘 모르겠습니다.

③ 여자: 만나서 반갑습니다.

남자: 처음 뵙겠습니다.

④ 여자: 언제 오시겠어요?

남자: 내일 오겠습니다.

Explanation

To the phrase '이리로 오세요.', '네. 알겠습니다.' or '네.
가겠습니다.' is a good response. Conversations related
to each answer choice are as follows.

① W: Come this way.

M: Yes, I understand.

② W: What is this?

M: I'm not sure.

③ W: How do you do?

M: Nice to meet you.

④ W: When will you come?

M: I will come tomorrow.

❶ 장소 찾기 Finding the location

7 ②

듣기 지문

남자: 뭘 드릴까요?
여자: 부모님께 드릴 화장품을 사려고 하는데요.

풀이

두 사람은 화장품 가게에서 이야기하고 있다. 각 선택지와 관련된 대화는 다음과 같다.
① 식당
　남자: 무엇을 드릴까요?
　여자: 비빔밥 하나 주세요.
② 가게
　남자: 뭘 드릴까요?
　여자: 부모님께 드릴 화장품을 사려고 하는데요.
③ 교실
　남자: 선생님, 오늘 숙제가 있어요?
　여자: 네. 오늘 배운 단어로 문장을 만들어 오세요.
④ 약국
　남자: 소화제 주세요.
　여자: 네. 여기 있습니다.

Listening Passage

M: What can I help you with?
W: I'm looking to buy cosmetics for my parents.

Explanation

Two people are talking in a cosmetics store. Here are the conversations related to each answer choice.
① restaurant
　M: What would you like to order?
　W: I'd like one bibimbap, please.
② store
　M: What can I help you with?
　W: I'm looking to buy cosmetics for my parents.
③ classroom
　M: Teacher, do we have homework today?
　W: Yes. Please make sentences with the words we learned today.
④ pharmacy
　M: I'd like some digestive medicine, please.
　W: Okay. Here it is.

8 ③

듣기 지문

여자: 한 곡만 더 부르고 갈까요?
남자: 네. 좋아요.

풀이

두 사람은 노래방에서 이야기하고 있다. 각 선택지와 관련된 대화는 다음과 같다.
① 공항
　여자: 비행기표를 보여 주세요.
　남자: 네. 여기 있습니다.
② 미용실
　여자: 어떻게 해 드릴까요?
　남자: 좀 짧게 잘라 주세요.

Listening Passage

W: Shall we sing one more song before we go?
M: Yes, that sounds good.

Explanation

Two people are talking at a karaoke room. Here are the conversations related to each answer choice.
① airport
　W: Please show me your flight ticket.
　M: Okay, here it is.
② hair salon
　W: How would you like your hair done?
　M: Please cut it a bit short.

③ 노래방

　　여자: 한 곡만 더 부르고 갈까요?

　　남자: 네. 좋아요.

④ 도서관

　　여자: 여기에 자주 오세요?

　　남자: 조용하고 책도 많아서 자주 와요.

③ karaoke room

　　W: Shall we sing one more song before we go?

　　M: Yes, that sounds good.

④ library

　　W: Do you come here often?

　　M: It's quiet and there are a lot of books, so I come here often.

9 ②

듣기 지문

남자: 소설책은 어디에 있어요?

여자: 저쪽에 있어요.

Listening Passage

M: Where are the novels?

W: They are over there.

풀이

두 사람은 서점에서 이야기하고 있다. 각 선택지와 관련된 대화는 다음과 같다.

① 교실

　　남자: 숙제를 했어요?

　　여자: 네, 선생님. 다 했어요.

② 서점

　　남자: 소설책은 어디에 있어요?

　　여자: 저쪽에 있어요.

③ 극장

　　남자: 영화가 정말 재미있어요.

　　여자: 네. 다음에 또 보러 와요.

④ 은행

　　남자: 통장을 만들고 싶어요.

　　여자: 잠깐만 기다리세요.

Explanation

Two people are talking at a bookstore. Here are the conversations related to each answer choice.

① classroom

　　M: Did you do your homework?

　　W: Yes, teacher. I finished it all.

② bookstore

　　M: Where are the novels?

　　W: They are over there.

③ theater

　　M: The movie was really fun.

　　W: Yes. Let's come see it again next time.

④ bank

　　M: I want to open an account.

　　W: Please wait a moment.

10 ③

듣기 지문

여자: 어디가 아프세요?

남자: 어제부터 열이 많이 나요.

Listening Passage

W: Where does it hurt?

M: I've had a high fever since yesterday.

풀이

두 사람이 병원에서 증상에 대해서 이야기하고 있다. 각 선택지와 관련된 대화는 다음과 같다.

Explanation

Two people are talking about symptoms at the hospital. Here are the conversations related to each answer choice.

① 가게

여자: 어서 오세요. 뭘 드릴까요?

남자: 사과 5개 주세요.

② 학교

여자: 도서관이 어디에 있어요?

남자: 학생회관 앞에 있어요.

③ 병원

여자: 어디가 아프세요?

남자: 어제부터 열이 많이 나요.

④ 공항

여자: 비행기표를 보여 주세요.

남자: 여기 있습니다.

① store

W: Welcome. What can I get for you?

M: Please give me 5 apples.

② school

W: Where is the library?

M: It's in front of the student union building.

③ hospital

W: Where does it hurt?

M: I've had a high fever since yesterday.

④ airport

W: Please show me your flight ticket.

M: Here it is.

❷ 화제 찾기 | Finding the topic

11 ③

듣기 지문

남자: 무슨 일을 하세요?

여자: 저는 회사원이에요.

풀이

두 사람은 직업에 대해서 이야기하고 있다. 각 선택지와 관련된 대화는 다음과 같다.

① 나이

남자: 몇 살이에요?

여자: 22살이에요.

② 이름

남자: 이름이 뭐예요?

여자: 이수미예요.

③ 직업

남자: 무슨 일을 하세요?

여자: 저는 회사원이에요.

④ 가족

남자: 언니가 있어요?

여자: 아니요. 동생이 한 명 있어요.

Listening Passage

M: What do you do?

W: I'm an office worker.

Explanation

Two people are talking about their jobs. Here are the conversations related to each answer choice.

① age

M: How old are you?

W: I'm 22 years old.

② name

M: What's your name?

W: I'm Sumi Lee.

③ occupation

M: What do you do?

W: I'm an office worker.

④ family

M: Do you have an older sister?

W: No, I have one younger brother.

12 ①

듣기 지문

여자: 생일이 언제예요?
남자: 7월 16일이에요.

풀이

두 사람은 날짜에 대해서 이야기하고 있다. 각 선택지와 관련된 대화는 다음과 같다.
① 날짜
　여자: 생일이 언제예요?
　남자: 7월 16일이에요.
② 운동
　여자: 저는 수영을 좋아해요.
　남자: 저는 야구를 좋아해요.
③ 여행
　여자: 어디에 가요?
　남자: 가족들과 부산에 놀러 가요.
④ 요일
　여자: 오늘이 무슨 요일이에요?
　남자: 금요일이에요.

Listening Passage

W: When is your birthday?
M: It's July 16th.

Explanation

Two people are talking about dates. Here are the conversations related to each answer choice.
① date
　W: When is your birthday?
　M: It's July 16th.
② exercise
　W: I like swimming.
　M: I like baseball.
③ travel
　W: Where are you going?
　M: I'm going to Busan with my family.
④ day of the week
　W: What day is it today?
　M: It's Friday.

13 ③

듣기 지문

남자: 저는 영화를 좋아해요. 수미 씨는요?
여자: 저는 수영을 좋아해요.

풀이

두 사람은 취미에 대해서 이야기하고 있다. 각 선택지와 관련된 대화는 다음과 같다.
① 직업
　남자: 무슨 일을 해요?
　여자: 저는 은행원이에요.
② 휴일
　남자: 박물관은 월요일에 쉬어요?
　여자: 네. 월요일마다 쉬어요.
③ 취미
　남자: 저는 영화를 좋아해요. 수미 씨는요?
　여자: 저는 수영을 좋아해요.

Listening Passage

M: I like movies. How about you, Sumi?
W: I like swimming.

Explanation

Two people are talking about hobbies. Here are the conversations related to each answer choice.
① job
　M: What do you do?
　W: I'm a bank teller.
② holidays
　M: Is the museum closed on Mondays?
　W: Yes, it's closed every Monday.
③ hobby
　M: I like movies. How about you, Sumi?
　W: I like swimming.

④ 운동

　남자: 저는 축구를 좋아해요. 수미 씨는요?

　여자: 저는 수영을 좋아해요.

④ exercise

　M: I like soccer. How about you, Sumi?

　W: I like swimming.

14 ②

듣기 지문

여자: 구름이 많네요.

남자: 네. 오후에 비가 올 것 같아요.

풀이

두 사람은 날씨에 대해서 이야기하고 있다. 각 선택지와 관련된 대화는 다음과 같다.

① 시간

　여자: 시험이 몇 시예요?

　남자: 오후 2시예요.

② 날씨

　여자: 구름이 많네요.

　남자: 네. 오후에 비가 올 것 같아요.

③ 날짜

　여자: 시험이 언제예요?

　남자: 3월 10일이에요.

④ 장소

　여자: 어디에서 친구를 만나요?

　남자: 학교 앞에서 만나요.

Listening Passage

W: It's cloudy.

M: Yes. It looks like it's going to rain in the afternoon.

Explanation

Two people are talking about the weather. Here are the conversations related to each answer choice.

① time

　W: What time is the exam?

　M: It's at 2 p.m.

② weather

　W: It's cloudy.

　M: Yes. It looks like it's going to rain in the afternoon.

③ date

　W: When is the exam?

　M: It's on March 10th.

④ place

　W: Where are you meeting your friend?

　M: I'm meeting them in front of the school.

27 ③

듣기 지문

남자: 한국 음식이 입에 맞아요?

여자: 네. 특히 비빔밥이 정말 맛있어요.

남자: 비빔밥은 건강에 좋아요. 그래서 저도 자주 먹어요.

여자: 맞아요. 고기도 있고 채소도 있으니까요.

남자: 그리고 간단하게 먹을 수도 있고요. 리에 씨는 집에서도 비빔밥을 만들어 먹어요?

여자: 비빔밥은 여러 가지 재료를 준비해야 하니까 시간이 좀 걸려요. 그래서 보통 식당에서 많이 먹어요.

풀이

두 사람은 비빔밥을 좋아하는 이유에 대해서 이야기하고 있다.

Listening Passage

M: Does Korean food suit your taste?

W: Yes, especially bibimbap is really delicious.

M: Bibimbap is good for your health. That's why I eat it often too.

W: That's right. It has meat and vegetables.

M: And it's easy to eat. Do you make bibimbap at home, Rie?

W: Bibimbap takes some time because you have to prepare various ingredients. So I usually eat it at restaurants.

Explanation

The two people are talking about the reasons why they like bibimbap.

❸ 알맞은 그림 찾기 Finding the correct picture

15 ②

[듣기 지문]

남자: 아이스크림이 어디에 있어요?
여자: 음료수 옆에 있는 냉장고에 있어요.

[풀이]

아이스크림을 찾고 있는 손님과 아이스크림이 있는 냉장고의 위치를 알려 주는 점원의 대화이다. 각 그림과 관련된 대화는 다음과 같다.

① 남자: 아이스크림이 정말 맛있어요.
　　여자: 네. 하나 더 먹을까요?
② 남자: 아이스크림이 어디에 있어요?
　　여자: 음료수 옆에 있는 냉장고에 있어요.
③ 남자: 어디에서 아이스크림을 먹을까요?
　　여자: 편의점 앞에 자리가 있어요.
④ 남자: 얼마예요?
　　여자: 3,000원입니다.

[Listening Passage]

M: Where is the ice cream?
W: It's in the refrigerator next to the drinks.

[Explanation]

This is a conversation between a customer looking for ice cream and an employee informing them of the location of the refrigerator with ice cream. Here are the conversations related to each picture.

① M: The ice cream is really delicious.
　　W: Yes. Shall we have another one?
② M: Where is the ice cream?
　　W: It's in the refrigerator next to the drinks.
③ M: Where should we eat the ice cream?
　　W: There's a place in front of the convenience store.
④ M: How much is it?
　　W: It's 3,000 won.

16 ①

[듣기 지문]

여자: 어느 역에서 내려요?
남자: 시청역에서 내려요. 다음 역이에요.

[풀이]

두 사람이 지하철 안에서 내려야 하는 역에 대해서 이야기하고 있다. 각 그림과 관련된 대화는 다음과 같다.

① 여자: 어느 역에서 내려요?
　　남자: 시청역에서 내려요. 다음 역이에요.
② 여자: 지하철이 자주 와요?
　　남자: 3분마다 와요. 아, 지금 오네요.
③ 여자: 몇 번 출구로 나가요?
　　남자: 4번 출구로 나가면 돼요.
④ 여자: 시청에 어떻게 가요?
　　남자: 지하철이 빨라요. 지하철로 갑시다.

[Listening Passage]

W: Which station are we getting off at?
M: We're getting off at City Hall Station. It's the next stop.

[Explanation]

Two people are on the subway talking about which station to get off at. Here are the conversations related to each picture.

① W: Which station are we getting off at?
　　M: We're getting off at City Hall Station. It's the next stop.
② W: Do the subways come often?
　　M: They come every 3 minutes. Oh, here comes one now.
③ W: Which exit should we take?
　　M: We should take exit 4.
④ W: How do we get to City Hall?
　　M: The subway is fast. Let's take the subway.

❹ 중심 생각 찾기 Finding the main idea

22 ③

듣기 지문

여자: 마이클 씨는 정말 한국말을 잘하네요. 어떻게 공
　　　부해요?
남자: 저는 수업이 끝나면 도서관에서 혼자 공부해요.
여자: 저는 반 친구들과 같이 공부해요. 혼자 공부하는
　　　것보다 재미있고 좋아요.
남자: 그래요? 저도 같이 공부할 수 있어요?

풀이

여자는 혼자 공부하는 것보다 반 친구들과 함께
공부하는 것이 좋다고 생각한다.

Listening Passage

W: Michael, you speak Korean really well. How do you
　　study?
M: I study alone at the library after class.
W: I study with my classmates. It's more fun and better
　　than studying alone.
M: Really? Can I study with you too?

Explanation

The woman thinks studying with her classmates is
better than studying alone.

---

23 ②

듣기 지문

여자: 약을 다 드셨어요?
남자: 네. 그래도 머리가 계속 아파요.
여자: 이렇게 낫지 않으면 병원에 가는 것이 좋을 것 같
　　　아요.
남자: 그래서 오늘 병원을 예약했어요.

풀이

여자는 머리가 계속 아프면 병원에 가는 것이 좋
다고 생각한다.

Listening Passage

W: Did you take all your medicine?
M: Yes, but my head still hurts.
W: If it doesn't get better like this, it would be good to
　　go to the hospital.
M: That's why I made a hospital appointment today.

Explanation

The woman thinks it's good to go to the hospital if the
headache persists.

---

24 ④

듣기 지문

남자: 친구들과 여행을 가요?
여자: 아니요. 저는 혼자 가는 여행을 좋아해요.
남자: 혼자 여행을 가면 재미없지 않아요?
여자: 아니요. 여행을 다니면서 조용히 혼자 생각할 시
　　　간을 가질 수 있어서 좋아요.

풀이

여자는 혼자 여행을 가면 조용히 생각할 시간이
있어서 좋다고 생각한다.

Listening Passage

M: Are you going on a trip with your friends?
W: No, I like traveling alone.
M: Isn't it boring to travel alone?
W: No, I like being able to have quiet time to think
　　while traveling.

Explanation

The woman thinks it's good to travel alone because she
has time to think quietly.

25 ④

여자: (딩동댕) 주민 여러분 안녕하십니까? 모두가 행복한 아파트 생활을 위하여 안내 말씀드립니다. 첫째, 저녁 9시 이후에는 세탁기를 사용하지 마십시오. 둘째, 집에서 아이들이 뛰지 않게 해 주십시오. 셋째, 베란다와 화장실에서 담배를 피우지 마십시오. 우리 모두 조금씩 조심하면 즐겁게 생활할 수 있습니다. 감사합니다. (딩동댕)

풀이

여자는 함께 사는 아파트에서 주민들이 조심해야 할 것에 대해서 알리고 있다.

Listening Passage

W: (Ding Dong Dang) Hello, residents. For a happy apartment life for everyone, here's an announcement. First, please do not use the washing machine after 9 p.m. Second, please prevent children from running inside the house. Third, please do not smoke on the balcony or in the bathroom. We can all live happily if we are a little careful. Thank you. (Ding Dong Dang)

Explanation

The woman is informing the residents of the apartment building where she lives about things they should be careful about.

29 ③

듣기 지문

여자: 외국인 말하기 대회에서 1등 하신 것을 축하합니다. 왕웨이 씨는 언제 한국에 오셨어요?

남자: 제가 한국에 온 지 벌써 2년이 되었네요.

여자: 한국말을 정말 잘하시네요. 왜 한국말을 배우신 거예요?

남자: 대학교 때 중국으로 유학을 온 한국 친구들을 사귀었어요. 저는 한국이라는 나라를 잘 몰랐는데 한국 친구를 만나면서 한국에 관심이 생겼어요.

여자: 특히 무엇에 관심이 많았어요?

남자: 한국 문화요. 한국 문화를 좀 더 깊이 있게 공부하고 싶어졌어요. 그래서 대학교에서 한국어 공부를 시작했어요.

풀이

남자는 한국 문화를 좀 더 깊이 있게 공부하고 싶어서 한국말 공부를 시작했다.

Listening Passage

W: Congratulations on winning first place in the Foreigner Speaking Contest. When did you come to Korea, Wang Wei?

M: It's already been 2 years since I came to Korea.

W: Your Korean is really good. Why did you learn Korean?

M: I made Korean friends when they came to study in China during my university days. I didn't know much about Korea, but after meeting my Korean friends, I became interested in Korea.

W: What were you particularly interested in?

M: Korean culture. I wanted to study Korean culture more deeply. So I started studying Korean at university.

Explanation

The man started studying Korean because he wanted to study Korean culture more deeply.

❶ **대화의 내용 이해하기** Understanding the content of the conversation

17 ①

듣기 지문

여자: 민수 씨, 휴가 때 뭘 했어요?

남자: 친구들과 같이 제주도에 여행을 갔어요. 수미 씨는요?

여자: 저는 집에서 푹 쉬었어요.

풀이

① 남자는 휴가 때 여행을 갔습니다.

② 여자는 휴가 때 집에서 쉬었습니다.

③ 남자는 휴가 때 제주도에 갔습니다.

④ 남자는 휴가 때 친구들을 만났습니다.

Listening Passage

W: Minsu, what did you do during your vacation?

M: I went on a trip to Jeju Island with my friends. How about you, Sumi?

W: I rested comfortably at home.

Explanation

① The man went on a trip during his vacation.

② The woman rested at home during her vacation.

③ The man went to Jeju Island during his vacation.

④ The man met his friends during his vacation.

18 ②

듣기 지문

여자: 요리를 정말 잘하네요. 보통 이렇게 집에서 음식을 만들어요?

남자: 주말에는 자주 요리해요. 저는 요리를 좋아해요.

여자: 저는 귀찮아서 거의 사 먹어요.

남자: 집에서 요리하면 돈도 많이 안 들어서 좋아요.

풀이

① 남자는 요리를 잘합니다.

② 여자는 외식을 많이 합니다.

③ 여자는 요리하는 것이 귀찮습니다.

④ 남자는 주말에 집에서 음식을 만듭니다.

Listening Passage

W: You're really good at cooking. Do you usually cook at home like this?

M: I often cook on weekends. I like cooking.

W: I rarely cook because it's a hassle. I usually eat out.

M: Cooking at home is good because it doesn't cost much.

Explanation

① The man is good at cooking.

② The woman eats out a lot.

③ The woman finds cooking bothersome.

④ The man cooks at home on weekends.

19 ①

듣기 지문

남자: 이번 토요일에 영화 보러 갈래요?

여자: 오전에는 편의점에서 아르바이트를 해요. 오후는
　　　괜찮아요.

남자: 그럼 오후 2시에 극장 앞에서 만나요. 표는 제가
　　　예매할게요.

여자: 네. 좋아요. 영화 보고 저녁도 같이 먹어요.

풀이

① 남자는 영화표를 미리 살 겁니다.

② 남자는 극장 앞에서 여자를 만날 겁니다.

③ 여자는 토요일 오전에 아르바이트를 합니다.

④ 여자는 토요일 오후 2시에 남자와 만날 겁니다.

Listening Passage

M: Do you want to go see a movie this Saturday?

W: I have a part-time job at a convenience store in the
　 morning. The afternoon is okay.

M: Then let's meet in front of the theater at 2 p.m. I'll
　 book the tickets.

W: Okay, sounds good. Let's have dinner together
　 after the movie.

Explanation

① The man will buy the movie tickets in advance.

② The man will meet the woman in front of the theater.

③ The woman works part-time on Saturday mornings.

④ The woman will meet the man on Saturday afternoon
　 at 2 o'clock.

20 ③

듣기 지문

여자: 대학교를 졸업하고 무엇을 하고 싶어요?

남자: 한국 회사에 취직하고 싶어요. 수미 씨는요?

여자: 저는 대학원에 가고 싶어요. 경영학을 전공하고
　　　싶어요.

남자: 대학원에 입학하기가 어렵지 않아요?

풀이

① 여자는 경영학을 전공하고 싶어 합니다.

② 여자는 대학생입니다.

③ 남자는 졸업하고 취직하고 싶어 합니다.

④ 남자는 대학생입니다.

Listening Passage

W: What do you want to do after graduating from
　 university?

M: I want to get a job at a Korean company. How about
　 you, Sumi?

W: I want to go to graduate school. I want to major in
　 business administration.

M: Isn't it difficult to get into graduate school?

Explanation

① The woman wants to major in business administration.

③ The woman is a university student.

② The man wants to get a job after graduation.

④ The man is a college student.

21 ④

남자: 여보세요. 행복 식당이지요? 이번 주 토요일 점심을 예약하고 싶은데요.

여자: 몇 명이세요?

남자: 모두 5명입니다. 창가 자리로 예약할 수 있어요?

여자: 네. 가능합니다. 이름과 전화번호를 말씀해 주세요.

풀이

① 남자는 식당을 예약했습니다.

② 남자는 행복 식당에 가고 싶어 합니다.

③ 남자는 5명이 함께 식사하려고 예약을 합니다.

④ 남자는 토요일에 행복 식당에 갈 겁니다.

Listening Passage

M: Hello. Is this 'Happiness Restaurant'? I'd like to make a reservation for lunch this Saturday.

W: How many people?

M: Five in total. Can I reserve a table by the window?

W: Yes, you can. Please tell me your name and phone number.

Explanation

① The man made a reservation at a restaurant.

② The man wants to go to the Happiness Restaurant.

③ The man makes a reservation for 5 people to eat together.

④ The man will go to the Happiness Restaurant on Saturday.

28 ①

듣기 지문

남자: 어디 가세요?

여자: 동생이 다음 달에 고등학교를 졸업해서 졸업 선물을 사러 가요.

남자: 무엇을 살지 결정했어요?

여자: 요즘 대학생들이 많이 쓰는 컴퓨터를 사려고요.

남자: 컴퓨터는 온라인 쇼핑으로 사는 게 싸요. 저는 보통 온라인으로 물건을 사는데 편하고 싸서 좋아요.

여자: 그런데 저는 직접 비교해 보고 사는 게 좋아서 컴퓨터 매장에서 사려고요.

풀이

① 남자는 온라인으로 물건을 자주 삽니다.

② 여자의 동생은 다음 달에 고등학교를 졸업할 것입니다.

③ 여자는 직접 컴퓨터 매장에 가서 살 것입니다.

④ 컴퓨터는 온라인으로 사는 것이 더 쌉니다.

Listening Passage

M: Where are you going?

W: My younger brother is graduating from high school next month, so I'm going to buy him a graduation gift.

M: Have you decided what to buy?

W: I'm thinking of buying a computer that many university students use these days.

M: It's cheaper to buy computers online. I usually shop online because it's convenient and cheap.

W: But I like to compare things in person, so I'm going to buy it at a computer store.

Explanation

① The man often buys things online.

② The woman's younger brother will graduate from high school next month.

③ The woman will go directly to the computer store to buy it.

④ Buying a computer online is cheaper.

30 ①

30 ①

듣기 지문

여자: 김민수 작가님의 새로 나온 책이 인기가 많습니다. 작가님은 회사원이었다고요?

남자: 네. 맞습니다. 저는 사실 대학교 때 경영학을 전공했어요. 졸업한 후에 무역회사에 취직했어요.

여자: 그럼, 회사를 그만두고 글을 쓰기 시작한 거예요?

남자: 처음에는 회사에 다니면서 소설을 썼어요. 그런데 두 가지를 함께 하는 것이 너무 힘들어서 작년에 회사를 그만두었어요.

여자: 가족들이 반대하지 않았어요?

남자: 가족들과 친구들이 모두 반대했어요. 그렇지만 어렸을 때부터 제 꿈인 소설가를 포기할 수가 없었어요.

풀이

① 남자는 회사에 다닌 적이 있습니다.

② 남자는 어렸을 때부터 소설가가 되고 싶었습니다.

③ 남자는 회사에 다니면서 소설을 쓰는 것이 힘들어서 회사를 그만두었습니다.

④ 남자의 가족들은 남자가 회사를 그만두는 것을 반대했습니다.

Listening Passage

W: The new book by author Kim Minsu is very popular. I heard you were an office worker.

M: Yes, that's right. I actually majored in business administration in college. After graduating, I got a job at a trading company.

W: So you quit your job and started writing?

M: At first, I wrote novels while working at the company. But it was too hard to do both, so I quit my job last year.

W: Didn't your family object?

M: My family and friends were all against it. But I couldn't give up on my childhood dream of becoming a novelist.

Explanation

① The man has worked at a company before.

② The man wanted to be a novelist since he was young.

③ The man quit his job because it was difficult to write novels while working at the company.

④ The man's family opposed him quitting his job.

❷ **안내 방송의 내용 이해하기** Understanding the content of announcement

26 ③

듣기 지문

여자: (딩동댕) 잠시 안내 말씀드리겠습니다. 우리 건물에서는 담배를 피울 수 없습니다. 화장실에서도 담배를 피우면 안 됩니다. 건물 안에서 담배를 피우면 벌금을 내야 합니다. 건물 밖에 담배를 피울 수 있는 장소가 있습니다. 담배를 피우실 분은 건물 밖으로 나가서 담배를 피우시기 바랍니다. 감사합니다. (딩동댕)

풀이

① 화장실은 건물 안에 있습니다.

② 화장실에서 담배를 피우면 안 됩니다.

③ 담배를 피우려면 건물 밖으로 나가야 합니다.

④ 건물 밖에 담배를 피울 수 있는 곳이 있습니다.

Listening Passage

W: (Ding Dong Dang) We have a brief announcement. Smoking is not allowed in our building. You cannot smoke even in the restrooms. If you smoke inside the building, you will be fined. There is a designated smoking area outside the building. If you want to smoke, please go outside the building. Thank you. (Ding Dong Dang)

Explanation

① The restroom is inside the building.

② You cannot smoke in the restroom.

③ To smoke, you must go outside the building.

④ There is a designated smoking area outside the building.

---

❶ **알맞은 동사 찾기** Finding the appropriate verb

34 ④

읽기 지문

노래를 부릅니다. 아주 재미있습니다.

풀이

'노래를'은 '부릅니다'와 같이 사용한다. 각 선택지와 관련된 문장은 다음과 같다.
① 봅니다: 경치를 봅니다. 정말 아름답습니다.
② 삽니다: 옷을 삽니다. 아주 예쁩니다.
③ 먹습니다: 삼계탕을 먹습니다. 정말 맛있습니다.
④ 부릅니다: 노래를 부릅니다. 아주 재미있습니다.

Reading Passage

I sing a song. It's very fun.

Explanation

'노래를' is used with '부릅니다'. Here are some sentences related to each answer choice.
① to see: I see the scenery. It's really beautiful.
② to buy: I buy clothes. They are very pretty.
③ to eat: I eat samgyetang. It's really delicious.
④ to sing: I sing a song. It's very fun.

36 ③

읽기 지문

저는 요리사입니다. 식당에서 음식을 만듭니다.

풀이

'요리사'와 관계있는 것은 '음식을 만듭니다'이다. 각 선택지와 관련된 문장은 다음과 같다.
① 봅니다: 극장에서 영화를 봅니다.
② 삽니다: 백화점에서 물건을 삽니다.
③ 만듭니다: 식당에서 음식을 만듭니다.
④ 읽습니다: 도서관에서 책을 읽습니다.

Reading Passage

I am a chef. I make food at a restaurant.

Explanation

The thing related to '요리사' is '음식을 만듭니다'. Here are some sentences related to each answer choice.
① to watch: I watch a movie at the theater.
② to buy: I buy things at the department store.
③ to make: I make food at a restaurant.
④ to read: I read books at the library.

❷ 알맞은 명사 찾기 Finding the appropriate noun

35 ④

읽기 지문

배우를 좋아합니다. 매일 드라마를 봅니다.

풀이

'배우'와 관계있는 것은 '드라마'이다. 각 선택지와 관련된 문장은 다음과 같다.
① 축구: 운동을 좋아합니다. 매일 축구를 합니다.
② 노래: 가수를 좋아합니다. 매일 노래를 부릅니다.
③ 사과: 과일을 좋아합니다. 매일 사과를 먹습니다.
④ 드라마: 배우를 좋아합니다. 매일 드라마를 봅니다.

Reading Passage

I like actors. I watch dramas every day.

Explanation

The thing related to '배우' is '드라마'. Here are some sentences related to each answer choice.
① soccer: I like sports. I play soccer every day.
② song: I like singers. I sing every day.
③ apple: I like fruits. I eat apples every day.
④ drama: I like actors. I watch dramas every day.

❸ 알맞은 형용사 찾기 Finding the appropriate adjective

37 ③

읽기 지문

저는 요즘 한가합니다. 일이 적습니다.

풀이

'일이 적습니다'와 관계있는 것은 '한가합니다'이다. 각 선택지와 관련된 문장은 다음과 같다.
① 힘듭니다: 저는 요즘 힘듭니다. 수업이 많습니다.
② 바쁩니다: 저는 요즘 바쁩니다. 일이 많습니다.
③ 한가합니다: 저는 요즘 한가합니다. 일이 적습니다.
④ 외롭습니다: 저는 요즘 외롭습니다. 친구가 없습니다.

Reading Passage

I'm free these days. I have little work.

Explanation

The phrase '일이 적습니다' is related to the concept of '한가합니다'. Here are some sentences related to each answer choice.
① to be tired: I'm tired these days. I have a lot of classes.
② to be busy: I'm busy these days. I have a lot of work.
③ to be free: I'm free these days. I have little work.
④ to be lonely: I'm lonely these days. I have no friends.

❹ 알맞은 부사 찾기 | Finding the appropriate adverb

38 ①

읽기 지문

조금만 기다리십시오. 금방 도착합니다.

풀이

'조금만 기다리십시오'와 관계있는 것은 '금방'이다. 각 선택지와 관련된 문장은 다음과 같다.
① 금방: 조금만 기다리십시오. 금방 도착합니다.
② 매우: 저는 버스를 자주 탑니다. 버스가 매우 편리합니다.
③ 아까: 학교에 학생이 없습니다. 아까 수업이 끝났습니다.
④ 잠깐: 지금 손님이 많습니다. 잠깐 기다리십시오.

Reading Passage

Please wait a little bit. It will arrive soon.

Explanation

The thing related to '조금만 기다리십시오' is '금방'. Here are some sentences related to each answer choice.
① soon: Please wait a little bit. It will arrive soon.
② very: I often take the bus. The bus is very convenient.
③ a while ago: There are no students at school. Class ended a while ago.
④ for a moment: There are many customers now. Please wait a moment.

❺ 알맞은 조사 찾기 | Finding the appropriate particle

39 ①

읽기 지문

오늘 약속이 있습니다. 친구를 만납니다.

풀이

'만납니다'와 관계있는 것은 '을/를'이다. 각 선택지와 관련된 문장은 다음과 같다.
① 를: 오늘 약속이 있습니다. 친구를 만납니다.
② 도: 저는 형이 있습니다. 동생도 있습니다.
③ 부터: 저는 매일 학교에 갑니다. 월요일부터 금요일까지 공부합니다.
④ 에게: 친구 생일입니다. 친구에게 선물을 줍니다.

Reading Passage

I have an appointment today. I'm meeting a friend.

Explanation

The thing related to '만납니다' is '을/를'. Here are some sentences related to each answer choice.
① 를: I have an appointment today. I'm meeting a friend.
② 도: I have an older brother. I also have a younger sibling.
③ 부터: I go to school every day. I study from Monday to Friday.
④ 에게: It's my friend's birthday. I give a present to my friend.

❻ 알맞은 접속사 찾기 Finding the appropriate conjunction

49 ②

저는 편의점에서 일합니다. 휴일에도 일하지만 월요일에는 쉽니다. 제가 일하는 편의점은 버스정류장 근처에 있습니다. 매일 손님이 많습니다. 아침에는 김밥을 사는 사람이 많습니다. 그리고 커피를 사는 사람도 많습니다. 일이 힘들지만 손님들이 친절하게 인사할 때 기분이 좋습니다.

풀이

앞에 있는 문장에 내용을 더하는 의미를 나타내는 '그리고'를 사용한다. 각 선택지와 관련된 문장은 다음과 같다.

① 그래서: 아침에 늦게 일어났습니다. 그래서 학교에 지각했습니다.
② 그리고: 저는 자동차 회사에서 일합니다. 그리고 동생은 은행에서 일합니다.
③ 하지만: 저는 영화를 좋아합니다. 하지만 요즘 바빠서 영화를 볼 수 없습니다.
④ 그러면: 기분이 나쁠 때 음악을 듣습니다. 그러면 기분이 좋아집니다.

Reading Passage

I work at a convenience store. I work even on holidays, but I rest on Mondays. The convenience store I work at is near the bus stop. There are many customers every day. In the morning, many people buy gimbap. And many people also buy coffee. The work is hard, but I feel good when customers greet me kindly.

Explanation

'그리고' is used to add to the meaning of the preceding sentence. Here are some sentences related to each answer choice.
① 그래서: I woke up late in the morning. So I was late for school.
② 그리고: I work at a car company. And my younger sibling works at a bank.
③ 하지만: I like movies. But I'm busy these days, so I can't watch movies.
④ 그러면: When I feel bad, I listen to music. Then I feel better.

❼ 알맞은 연결어미 찾기 Finding the appropriate connective ending

51 ③

읽기 지문

인주시에서는 시민들이 이용할 수 있는 공원을 만듭니다. 그동안 공원이 없어서 많이 불편했습니다. 공원을 만들면 시민들이 운동도 할 수 있고 쉴 수도 있습니다. 공원은 5월에 문을 여는데 자전거도 탈 수 있습니다. 또 주차장이 있어서 차를 가지고 오는 사람도 편리하게 이용할 수 있습니다.

풀이

차를 가지고 오는 사람도 편리하게 이용할 수 있는 이유를 나타내는 '-어서'를 사용해야 한다. 각 선택지와 관련된 문장은 다음과 같다.

Reading Passage

Inju City is creating a park for citizens to use. It was very inconvenient because there was no park before. If we make a park, citizens can exercise and rest. The park opens in May and you can also ride bicycles. Also, there's a parking lot, so it's convenient for people who come by car.

Explanation

You should use '-어서' to indicate the reason why people who bring their cars can also conveniently use it. Here are some sentences related to each answer choice.

① -지만: 치마가 있지만 입지 않습니다.

② -거나: 친구를 만나거나 쇼핑을 하면 기분이 좋습니다.

③ -어서: 친구가 많아서 한국 생활이 재미있습니다.

④ -으면: 학교를 졸업하면 여행을 하고 싶습니다.

① -지만: I have a skirt but I don't wear it.

② -거나: I feel good when I meet friends or go shopping.

③ -어서: I enjoy my life in Korea because I have many friends.

④ -으면: I want to travel after I graduate from school.

❽ 알맞은 문형 찾기 | Finding the appropriate sentence pattern

53 ④

읽기 지문

저는 어제 약속이 있었습니다. 시간이 없어서 택시를 타려고 했습니다. 하지만 택시를 잡기가 어려워서 지하철을 탔습니다. 지하철에 사람이 많아서 짜증이 났습니다. 약속 시간에 늦어서 친구에게 미안했습니다. 제가 사과하기 전에 친구가 먼저 웃으면서 인사를 했습니다. 친구가 고마웠습니다.

풀이

앞의 행동이 있기 전에 뒤의 행동이 이루어지는 상황이다. 각 선택지와 관련된 문장은 다음과 같다.

① -고 나서: 카드를 넣고 나서 비밀번호를 누르세요.

② -게 되면: 한국말을 잘하게 되면 대학교에 가겠습니다.

③ -는 대로: 고향에 돌아가는 대로 연락하겠습니다.

④ -기 전에: 한국에 오기 전에 한국말을 조금 공부했습니다.

Reading Passage

I had an appointment yesterday. I was going to take a taxi because I didn't have time. But it was hard to catch one, so I took the subway. The subway was crowded, so I got annoyed. I was late for the appointment, so I felt sorry for my friend. Before I could apologize, my friend greeted me first with a smile. I was grateful to my friend.

Explanation

It's a situation that the following action takes place before the preceding action. Here are some sentences related to each answer choice.

① -고 나서: Insert the card and then enter your PIN.

② -게 되면: I will go to university when I become good at Korean.

③ -는 대로: I will contact you as soon as I return to my hometown.

④ -기 전에: I studied Korean a little before coming to Korea.

65 ①

피곤할 때 커피를 마시면 덜 피곤해집니다. 커피에 들어 있는 카페인 때문입니다. 사람들은 졸리거나 힘들 때 커피를 마십니다. 그러면 집중이 잘 되고 힘이 납니다. 운동 선수들은 시합에 집중하기 위해서 커피를 마십니다. 하지만 커피를 너무 많이 마시면 잠을 못 자게 됩니다. 그래서 조심해야 합니다.

풀이

앞의 행동으로 인한 결과를 설명하는 상황이다. 각 선택지와 관련된 문장은 다음과 같다.

① –게 됩니다: 시간이 지나면 나쁜 일도 잊어버리게 됩니다.

② –으려고 합니다: 오늘은 도서관에 가서 책을 읽으려고 합니다.

③ –는지 압니다: 저는 친구가 왜 한국말을 공부하는지 압니다.

④ –은 적이 있습니다: 저는 한국 가수를 만난 적이 있습니다.

Reading Passage

When you're tired, drinking coffee makes you less tired. It's because of the caffeine in coffee. People drink coffee when they're sleepy or tired. Then they can concentrate better and feel energized. Athletes drink coffee to focus on their games. But if you drink too much coffee, you won't be able to sleep. So you need to be careful.

Explanation

It's a situation that explains the result of the previous action. Here are some sentences related to each answer choice.

① –게 됩니다: As time passes, you will forget even bad things.

② –으려고 합니다: I'm going to the library today to read a book.

③ –는지 압니다: I know why my friend is studying Korean.

④ –은 적이 있습니다: I have met a Korean singer before.

❶ 주제 찾기 Finding the topic

31 ①

읽기 지문

떡볶이기 맛있습니다. 민두도 맛있습니다.

풀이

음식에 대한 설명이다. 각 선택지와 관련된 문장은 다음과 같다.
① 음식: 삼계탕이 맛있습니다. 비빔밥도 맛있습니다.
② 교통: 버스가 편합니다. 지하철도 편합니다.
③ 계절: 봄에는 따뜻합니다. 여름에는 덥습니다.
④ 색깔: 하늘이 파랗습니다. 꽃이 빨갛습니다.

Reading Passage

Iteokbokki is delicious. Mandu is also delicious.

Explanation

This is a description about food. Here are some sentences related to each answer choice.
① food: Samgyetang is delicious. Bibimbap is also delicious.
② transportation: Buses are convenient. Subways are also convenient.
③ season: It's warm in spring. It's hot in summer.
④ color: The sky is blue. The flowers are red.

32 ②

읽기 지문

비가 옵니다. 우산을 씁니다.

풀이

날씨에 대한 설명이다. 각 선택지와 관련된 문장은 다음과 같다.
① 옷: 가게에 갑니다. 바지를 삽니다.
② 날씨: 눈이 옵니다. 바람도 붑니다.
③ 공부: 학교에 갑니다. 한국어를 배웁니다.
④ 쇼핑: 백화점에 갑니다. 선물을 삽니다.

Reading Passage

It's raining. I use an umbrella.

Explanation

This is a description about weather. Here are some sentences related to each answer choice.
① clothes: I go to the store. I buy pants.
② weather: It's snowing. The wind is also blowing.
③ study: I go to school. I learn Korean.
④ shopping: I go to the department store. I buy gifts.

33 ②

읽기 지문

선물을 많이 받습니다. 기분이 좋습니다.

풀이

생일에 대한 설명이다. 각 선택지와 관련된 문장은 다음과 같다.
① 약속: 주말에 친구를 만납니다. 아주 즐겁습니다.
② 생일: 케이크를 먹습니다. 선물이 많습니다.
③ 방학: 여름은 아주 덥습니다. 학교에 안 갑니다.
④ 청소: 방을 닦습니다. 방이 깨끗합니다

Reading Passage

I receive many gifts. I feel good.

Explanation

This is a description about birthday. Here are some sentences related to each answer choice.
① appointment: I meet my friends on the weekend. It's very enjoyable.
② birthday: I eat cake. I have a lot of presents.
③ vacation: Summer is very hot. I don't go to school.
④ cleaning: I clean my room. The room is clean.

❷ 중심 내용 찾기 Finding the main idea

46 ④

읽기 지문

저는 친구와 같이 삽니다. 친구는 중국에서 왔습니다. 친구가 만든 중국 음식이 아주 맛있습니다. 저도 중국 요리를 배우고 싶습니다.

풀이

중국 요리를 배우고 싶다는 내용이다.

Reading Passage

I live with my friend. My friend is from China. The Chinese food my friend makes is very delicious. I also want to learn how to cook Chinese food.

Explanation

The content is about wanting to learn Chinese cuisine.

47 ③

읽기 지문

저는 시간이 있을 때 사진을 찍으러 갑니다. 산에 가서 예쁜 꽃도 찍고 바다에 가서 아름다운 경치도 찍습니다. 빨리 주말이 되었으면 좋겠습니다.

풀이

빨리 주말이 되어서 사진을 찍으러 갔으면 좋겠다는 내용이다.

Reading Passage

I go to take pictures when I have time. I go to the mountains to take pictures of pretty flowers and to the sea to take pictures of beautiful scenery. I wish it were the weekend soon.

Explanation

The content is about wanting to go take pictures on the weekend as soon as possible.

48 ②

읽기 지문

집에 책상이 없어서 일하기가 불편합니다. 그래서 오늘 작은 책상을 사려고 합니다. 비싸지 않은 책상이 있었으면 좋겠습니다.

풀이

비싸지 않은 책상을 사고 싶다는 내용이다.

Reading Passage

It's inconvenient to work because I don't have a desk at home. So I'm going to buy a small desk today. I hope there's a desk that's not too expensive.

Explanation

The content is about wanting to buy a desk that is not expensive.

52 ③

읽기 지문

인주시에서는 주말에 '차 없는 거리'를 만듭니다. 주말에는 시청 근처에 사람들이 많이 모입니다. 그래서 차가 다니면 위험합니다. 주말에 차가 없어서 사람들이 안전하게 거리를 구경할 수 있습니다. 거리에서 노래를 부르는 사람도 있고 춤을 추는 사람도 있습니다.

풀이

주말에 사람들이 많이 모이는 곳에 차가 다니면 위험하기 때문에 차 없는 거리를 만든다는 내용이다.

Reading Passage

Inju City creates a "car-free street" on weekends. Many people gather near City Hall on weekends. So it's dangerous if cars drive by. Because there are no cars on weekends, people can safely enjoy the street. There are people singing and dancing on the street.

Explanation

The content is about creating a car-free street because it's dangerous for cars to pass through places where people gather on weekends.

63 ②

읽기 지문

제목: 직원 여러분, 안녕하십니까?
직원 여러분께
안녕하십니까? 우리 회사의 직원 노래 대회가 다음과 같이 열립니다. 많은 분들의 관심과 신청을 바랍니다.
- 일시: 10월 5일 토요일 11:00
- 장소: 3층 회의실
- 신청 방법: 9월 20일 금요일까지 이메일(mskim@hankuk.com)로 신청

풀이

직원 노래 대회에 신청을 받기 위해서 보낸 이메일이다.

Reading Passage

Title: Hello, employees.
To all employees
Hello. Our company's employee singing contest will be held as follows. We look forward to your interest and applications.
- Date: Saturday, October 5th, 11:00 AM
- Location: 3rd floor conference room
- How to apply: Apply by email (mskim@hankuk.com) by Friday, September 20th

Explanation

This is an email sent to receive applications for the employee singing contest.

❶ 광고의 내용 이해하기 Finding the topic

40 ①

읽기 지문
채소빵
2025.03.03.까지
1,500원

풀이
이 빵의 값은 '천오백 원'이다.

Reading Passage
vegetable bread
Until 2025.03.03
1,500 won

Explanation
The price of this bread is '1,500 won'.

41 ④

읽기 지문
신입생 모임이 있습니다.
신입생 오리엔테이션
학교 소개, 점심 식사
5월 8일 12:00~14:00

풀이
이 모임은 신입생들을 위한 오리엔테이션이다.

Reading Passage
There will be a freshman gathering.
Freshman Orientation
School introduction, lunch
May 8th, 12:00 PM ~ 2:00 PM

Explanation
This gathering is an orientation for new students.

❷ 문자메시지의 내용 이해하기 Understanding the content of text messages

42 ④

읽기 지문
수미: (음식 사진)
    오늘 친구와 같이 맛집에 갔어요. 맛있는 점심을 먹었어요.
민희: 와! 저도 먹고 싶어요.
수미: 그럼, 다음에 같이 가요.

풀이
수미 씨와 민희 씨는 다음에 함께 식당에 갈 것이다.

Reading Passage
Sumi: (Picture of food)
    I went to a delicious restaurant with a friend today.
    I had a delicious lunch.
Minhee: Wow! I want to eat that too.
Sumi: Then let's go together next time.

Explanation
Sumi and Minhee will go to a restaurant together next time.

❸ 글의 내용 이해하기 Understanding the content of texts

43 ①

읽기 지문

저는 운동을 좋아합니다. 그래서 자주 체육관에 갑니다. 오늘은 친구와 집 근처 공원에서 농구를 할 겁니다.

풀이

나는 오늘 친구와 농구를 할 것이다. 각 선택지의 맞는 설명은 다음과 같다.
① 저는 오늘 친구와 농구를 할 겁니다.
② 저는 오늘 집 근처 공원에 갈 겁니다.
③ 저는 운동을 좋아합니다.
④ 저는 오늘 친구와 운동을 할 겁니다.

Reading Passage

I like to exercise. So I often go to the gym. Today, I'm going to play basketball with my friend at the park near my house.

Explanation

I will play basketball with my friend today. The correct explanations for each choice are as follows.
① I'm going to play basketball with my friend today.
② I'm going to the park near my house today.
③ I like exercising.
④ I will exercise with my friend today.

44 ③

읽기 지문

어제는 제 생일이었습니다. 친구들이 저에게 선물을 많이 주었습니다. 우리는 노래방에서 즐겁게 놀았습니다.

풀이

나는 친구들과 노래방에서 즐겁게 놀았다. 각 선택지의 맞는 설명은 다음과 같다.
① 어제는 제 생일이었습니다.
② 친구들이 저에게 선물을 주었습니다.
③ 저는 친구들과 노래방에서 즐겁게 놀았습니다.
④ 저는 어제 친구들과 노래방에 갔습니다.

Reading Passage

Yesterday was my birthday. My friends gave me a lot of presents. We had fun at the karaoke room.

Explanation

I had fun with my friends at the karaoke room. The correct explanations for each choice are as follows.
① Yesterday was my birthday.
② My friends gave me presents.
③ I had fun with my friends at the karaoke room.
④ I went to the karaoke room with my friends yesterday.

45 ③

읽기 지문

저는 주말에 부산으로 여행을 갔습니다. 서울역에서 점심을 먹고 기차를 탔습니다. 부산에 도착해서 제일 먼저 바다를 보러 갔습니다.

풀이

나는 주말에 부산에 바다를 보러 갔다. 각 선택지의 맞는 설명은 다음과 같다.
① 저는 기차를 탔습니다.
② 저는 점심을 먹고 기차를 탔습니다.

Reading Passage

I went on a trip to Busan on the weekend. I had lunch at Seoul Station and took the train. When I arrived in Busan, the first thing I did was go see the ocean.

Explanation

I went to Busan on the weekend to see the ocean. The correct explanations for each choice are as follows.
① I took the train.
② I ate lunch and then took the train.

③ 저는 부산에서 바다를 보러 갔습니다.

④ 저는 주말에 부산으로 여행을 갔습니다.

③ I went to Busan to see the ocean.

④ I went on a trip to Busan on the weekend.

50 ④

읽기 지문

저는 대학원에서 공부하는 학생입니다. 저는 재미있는 텔레비전 프로그램을 만들고 싶어서 대학원에 다닙니다. 수업이 많고 어려워서 힘들지만 열심히 공부하고 있습니다. 모르는 것이 있을 때 선배들이 많이 도와줍니다. 그래서 즐겁게 학교생활을 합니다. 그리고 친구들을 많이 사귀어서 좋습니다.

풀이

나는 재미있는 텔레비전 프로그램을 만들고 싶어서 대학원에 다닌다. 각 선택지의 맞는 설명은 다음과 같다.

① 저는 대학원에 다니는 대학원생입니다.

② 수업이 많고 어렵지만 학교생활이 즐겁습니다.

③ 모르는 것이 있을 때 선배들이 도와줍니다.

④ 저는 재미있는 텔레비전 프로그램을 만들고 싶어서 대학원에 다닙니다.

Reading Passage

I'm a graduate student. I'm attending graduate school because I want to make interesting television programs. It's hard because there are many classes and they are difficult, but I'm studying hard. My seniors help me a lot when I have questions. So I enjoy my school life. And it's good to have made many friends.

Explanation

I'm attending graduate school because I want to make interesting TV programs. The correct explanations for each choice are as follows.

① I'm a graduate student attending graduate school.

② Even though the classes are many and difficult, I enjoy my school life.

③ When I have something I don't know, my seniors help me.

④ I'm attending graduate school because I want to make interesting television programs.

54 ②

읽기 지문

저는 금요일에 수업이 없어서 친구와 여행을 갔습니다. 기차를 타고 싶었지만 예매를 하지 못해서 버스로 갔습니다. 버스에서 만난 분이 소개해 준 식당에서 맛있는 한식을 먹었습니다. 그리고 바다를 볼 수 있는 예쁜 카페에서 커피를 마셨습니다. 친구와 같이 있어서 정말 즐거웠습니다.

풀이

나는 바다를 볼 수 있는 카페에서 커피를 마셨다. 각 선택지의 맞는 설명은 다음과 같다.

① 저는 친구와 같이 여행을 갔습니다.

② 저는 카페에서 바다를 봤습니다.

③ 저는 기차표를 예매하지 못했습니다.

④ 저는 버스에서 만난 분이 소개한 식당에 갔습니다.

Reading Passage

I didn't have class on Friday, so I went on a trip with my friend. I wanted to take the train, but I couldn't make a reservation, so I went by bus. We ate delicious Korean food at a restaurant recommended by someone I met on the bus. And we drank coffee at a pretty cafe where we could see the ocean. It was really fun being with my friend.

Explanation

I drank coffee at a cafe where I could see the ocean. The correct explanations for each choice are as follows.

① I went on a trip with my friend.

② I saw the ocean from the cafe.

③ I couldn't book a train ticket.

④ I went to a restaurant that someone I met on the bus recommended.

56 ①

남산공원은 도시 안에 있어서 이용하기가 편리합니다. 그래서 운동하는 사람, 산책을 하는 사람들이 많습니다. 이곳에는 나무가 많아서 공기가 깨끗하기 때문에 사람들이 좋아합니다. 가까운 곳에서 일하는 회사원들은 점심을 먹은 후에 이곳을 찾습니다. 꽃과 나무를 보면서 잠깐 쉬면 기분이 좋아집니다.

풀이

남산공원은 공기가 깨끗하기 때문에 사람들이 좋아한다. 각 선택지의 맞는 설명은 다음과 같다.
① 남산공원은 공기가 맑아서 사람들이 좋아합니다.
② 남산공원에서 운동하는 사람이 많습니다.
③ 남산공원은 도시 안에 있어서 이용하기가 편리합니다.
④ 회사원들이 점심을 먹은 후에 남산공원에서 쉽니다.

Reading Passage

Namsan Park is conveniently located within the city. So there are many people exercising and taking walks. There are many trees here, so the air is clean, which is why people like it. Office workers who work nearby come here after lunch. It feels good to take a short break while looking at the flowers and trees.

Explanation

People like Namsan Park because the air is clean. The correct explanations for each choice are as follows.
① People like Namsan Park because the air is fresh.
② Many people exercise at Namsan Park.
③ Namsan Park is located within the city, so it's convenient to use.
④ Office workers rest at Namsan Park after lunch.

60 ②

읽기 지문

저는 학교 근처에 있는 원룸에 삽니다. 좀 비싸지만 학교가 가깝기 때문에 편합니다. 저는 버스나 지하철을 타지 않고 걸어서 학교에 갑니다. 날씨가 나쁠 때는 힘들지만 매일 운동을 할 수 있어서 좋습니다. 저는 수업이 끝나면 집에 가서 점심을 먹습니다. 인터넷을 보고 여러 가지 음식을 만드는 것이 재미있습니다.

풀이

나는 학교에서 가까운 원룸에 산다. 각 선택지의 맞는 설명은 다음과 같다.
① 저는 원룸에 사는 것이 편합니다.
② 저는 학교에서 가까운 곳에 삽니다.
③ 저는 집에서 여러 가지 음식을 만들어서 먹습니다.
④ 저는 버스나 지하철을 타지 않고 걸어서 학교에 갑니다.

Reading Passage

I live in a studio apartment near the school. It's a bit expensive, but it's convenient because the school is close. I walk to school instead of taking the bus or subway. It's tough when the weather is bad, but it's good because I can exercise every day. After class, I go home and eat lunch. It's fun to look up recipes online and cook various dishes.

Explanation

I live in a studio apartment near the school. The correct explanations for each choice are as follows.
① I find living in a studio apartment convenient.
② I live near the school.
③ I cook various dishes at home to eat.
④ I walk to school instead of taking the bus or subway.

62 ③

읽기 지문

사람들은 휴일을 기다립니다. 휴일에는 일하지 않고 쉴 수 있어서 좋고 하고 싶은 일을 할 수 있어서 좋습니다. 사람들은 휴일에 보통 취미 생활을 합니다. 책도 읽고 영화도 보고 운동도 합니다. 그리고 여행을 가는 사람도 많아서 휴일에는 교통이 복잡합니다. 저는 사진 찍기를 좋아해서 휴일에 여기저기 다니면서 사진을 찍습니다.

풀이

휴일에는 일하지 않고 쉴 수 있어서 사람들은 하고 싶은 일을 한다는 내용이다. 각 선택지의 맞는 설명은 다음과 같다.

① 사람들은 휴일에 일하지 않고 쉽니다.
② 저는 휴일에 사진을 찍습니다.
③ 사람들은 휴일에 하고 싶은 일을 합니다.
④ 저는 휴일에 여기저기 다니면서 사진을 찍습니다.

Reading Passage

People look forward to holidays. It's nice because you can rest and not work on holidays, and you can do what you want to do. People usually enjoy their hobbies on holidays. They read books, watch movies, and exercise. And since many people travel on holidays, the traffic is heavy. I like taking pictures, so I go around and take pictures on holidays.

Explanation

The main idea is that people do what they want to do on holidays because they can rest and not work. The correct explanations for each choice are as follows.

① People rest and don't work on holidays.
② I take pictures on holidays.
③ People do what they want to do on holidays.
④ I go around and take pictures on holidays.

64 ③

읽기 지문

제목: 직원 여러분, 안녕하십니까?

직원 여러분께

안녕하십니까? 필요 없는 물건을 팔고 필요한 물건을 사는 즐거운 행사가 올해에도 다음과 같이 열립니다. 많은 분들의 관심과 참여를 바랍니다.

– 일시: 4월 6일 토요일 10:00~16:00
– 장소: 운동장
– 참여 방법: 3월 22일 금요일까지 이메일(mskim@
　　　　　　hankuk.com)로 신청
– 참가비: 10,000원

풀이

필요 없는 물건을 팔고 필요한 물건을 살 수 있다는 내용이다. 각 선택지의 맞는 설명은 다음과 같다.

① 이 행사는 올해에도 열립니다.
② 이 행사는 사월 육일에 합니다.
③ 이 행사에서 물건을 팔 수 있습니다.
④ 이 행사에 참여하려면 참가비 만 원을 내야 합니다.

Reading Passage

Title: Hello, employees.

To all employees

Hello. The enjoyable event where you can sell unnecessary items and buy necessary items will be held again this year as follows. We look forward to your interest and participation.

– Date: Saturday, April 6th, 10:00 AM~4:00 PM
– Location: Playground
– How to participate: Apply by email (mskim@hankuk.
　　　　　　com) by Friday, March 22nd
– Participation fee: 10,000 won

Explanation

The content is that you can sell unnecessary items and buy necessary items. The correct explanations for each choice are as follows.

① This event is being held for the first time this year.
② This event will be held on April 6th.
③ You can sell items at this event.
④ You have to pay a participation fee of 10,000 won to participate in this event.

66 ③

잠은 우리의 건강에 아주 중요합니다. 잠을 적게 자면 기억력이 나빠지고 식욕도 없습니다. 하지만 잠을 너무 많이 자도 건강에 좋지 않습니다. 하루에 7~8시간 자면 적당합니다. 그리고 점심을 먹은 후에 잠깐 낮잠을 자면 좋습니다. 30분 정도 낮잠을 자면 피로도 풀리고 스트레스도 줄일 수 있습니다.

풀이

잠깐 낮잠을 자면 피로도 풀리고 스트레스도 줄일 수 있어서 좋다. 각 선택지의 맞는 설명은 다음과 같다.
① 잠을 너무 많이 자면 건강에 좋지 않습니다.
② 잠을 적게 자면 기억력이 나빠집니다.
③ 낮잠을 조금 자면 건강에 도움이 됩니다.
④ 잠깐 낮잠을 자면 스트레스를 줄일 수 있습니다.

Reading Passage

Sleep is very important for our health. If you don't get enough sleep, your memory gets worse and you lose your appetite. However, sleeping too much is also not good for your health. Sleeping 7~8 hours a day is appropriate. And it's good to take a short nap after lunch. Taking a nap for about 30 minutes relieves fatigue and reduces stress.

Explanation

Taking a short nap is good because it relieves fatigue and can also reduce stress. The correct explanations for each choice are as follows.
① Sleeping too much is not good for your health.
② Sleeping too little worsens your memory.
③ Taking a short nap is beneficial for your health.
④ Taking a short nap can reduce stress.

68 ①

읽기 지문

삼계탕은 한국에서 더운 여름에 먹는 특별한 음식입니다. 삼계탕은 닭고기와 건강에 좋은 재료를 넣어서 끓입니다. 여름에는 날씨가 더워서 많이 힘들고 피곤합니다. 그래서 건강에 좋은 삼계탕을 먹으면 힘이 납니다. 삼계탕은 뜨거워서 먹을 때 땀이 나지만 맵지 않기 때문에 외국인들에게도 아주 인기가 있습니다.

풀이

삼계탕은 맵지 않기 때문에 외국인들에게도 아주 인기가 있다. 각 선택지의 맞는 설명은 다음과 같다.
① 삼계탕은 외국인들이 좋아하는 음식입니다.
② 삼계탕은 뜨거워서 먹을 때 땀이 많이 납니다.
③ 삼계탕은 더운 여름에 먹는 뜨거운 음식입니다.
④ 삼계탕은 닭고기와 건강에 좋은 재료를 넣어서 만듭니다.

Reading Passage

Samgyetang is a special food eaten in hot summers in Korea. Samgyetang is made by boiling chicken with healthy ingredients. In summer, the weather is hot, so it's very tiring and exhausting. So, eating healthy samgyetang gives you energy. Samgyetang is hot, so you sweat a lot when you eat it, but it's not spicy, so it's very popular even among foreigners.

Explanation

Samgyetang is very popular even among foreigners because it's not spicy. The correct explanations for each choice are as follows.
① Samgyetang is a food that foreigners like.
② Samgyetang is hot, so you sweat a lot when you eat it.
③ Samgyetang is hot food eaten in hot summers.
④ Samgyetang is made with chicken and healthy ingredients.

176   합격특강 한국어능력시험 TOPIK I 한권으로 끝내기

70 ①

읽기 지문

제가 사는 동네에 쓰레기로 만든 공원이 있습니다. 전에는 쓰레기를 버리는 곳이어서 냄새도 많이 나고 더러운 곳이었습니다. 그런데 지금은 아름다운 공원이 되었습니다. 꽃과 나무가 많아서 구경하러 오는 사람이 많습니다. 운동을 할 수 있는 곳도 있어서 아침에는 운동하는 사람들이 많습니다. 지금은 깨끗하고 아름다워서 어른들도 아이들도 자주 찾고 좋아하는 곳입니다. 여기가 쓰레기를 버리는 곳이었는지 모르는 사람도 많습니다. 쓰레기를 버리는 곳이 아름다운 공원으로 바뀌어서 정말 좋습니다.

풀이

이 공원은 쓰레기를 버리는 곳이었지만 지금은 깨끗하고 아름다운 공원이다. 각 선택지의 맞는 설명은 다음과 같다.
① 이 공원은 예전에 쓰레기장이었습니다.
② 공원이 깨끗하고 아름다워서 사람들이 자주 찾습니다.
③ 전에는 이 공원이 쓰레기를 버리는 곳이었습니다.
④ 깨끗해서 어른들도 아이들도 이 공원을 좋아합니다.

Reading Passage

There is a park made of garbage in my neighborhood. It used to be a garbage dump, so it smelled bad and was dirty. But now it has become a beautiful park. There are many flowers and trees, so many people come to see it. There is also a place to exercise, so there are many people exercising in the morning. Now it's clean and beautiful, so both adults and children visit and like it often. Many people don't even know that this place used to be a garbage dump. It's really nice that the garbage dump has turned into a beautiful park.

Explanation

This park used to be a garbage dump, but now it's a clean and beautiful park. The correct explanations for each choice are as follows.
① This park used to be a garbage dump.
② People visit this park often because it's clean and beautiful.
③ This park used to be a place to dump garbage.
④ Adults and children alike love this park because it's clean.

---

❹ 문맥에 맞는 내용 찾기 Finding content that fits the context

55 ④

읽기 지문

한국 문화를 한 곳에서 경험할 수 있는 곳이 문을 열었습니다. 이곳에서는 한국 영화도 보고 한국 음식도 먹고 한국 화장품도 살 수 있습니다. 그리고 좋아하는 가수의 공연도 볼 수 있습니다. 그래서 이곳에는 한국 문화에 관심이 있는 외국인들이 한국의 문화를 즐기러 많이 찾아옵니다.

풀이

한국 문화에 관심이 있는 외국인들이 한국의 다양한 문화를 즐기러 많이 찾아온다는 내용이다.

Reading Passage

A place where you can experience Korean culture in one place has opened. Here, you can watch Korean movies, eat Korean food, buy Korean cosmetics, and even see performances by your favorite singers. So, many foreigners who are interested in Korean culture visit this place to enjoy various Korean cultures.

Explanation

The content is that foreigners who are interested in Korean culture come to Korea to enjoy various Korean cultures.

59 ④

읽기 지문

저는 지금 기숙사에서 삽니다. 같이 사는 친구가 있어서 불편할 때가 많습니다. 친구가 잘 때 조용히 해야 하고 친구가 공부할 때 음식을 먹을 수 없습니다. 하지만 좋은 점도 많습니다. 친구가 제 이야기를 듣고 많이 도와줍니다. 또 주말에 같이 운동도 하고 같이 도서관에도 갑니다. 그래서 혼자 살 때보다 학교생활이 즐겁습니다.

풀이

친구와 같이 살면 좋은 점이 있다는 부분에 들어갈 내용이다. '또'는 앞의 내용에 정보를 추가하는 의미가 있다.

Reading Passage

I currently live in a dormitory. It can be inconvenient because I have a roommate. I have to be quiet when my roommate is sleeping, and I can't eat when they are studying. But there are also many good things. My roommate listens to my stories and helps me a lot. Also, we exercise together and go to the library together on weekends. So my school life is more enjoyable than when I lived alone.

Explanation

The content that should be included in the part about the good things about living with a friend is. '또' is used to add information to the previous content.

61 ②

읽기 지문

저는 한 달 전에 이사를 했습니다. 새집은 작은 산 아래에 있어서 조용하고 공기도 좋습니다. 저는 시간이 있을 때 산에 올라가서 쉽니다. 산 위에서 보는 경치가 아주 아름답습니다. 그리고 꽃과 나무를 보면 스트레스가 풀립니다. 교통이 불편해서 학교에 갈 때 시간이 많이 걸리지만 운동을 할 수 있어서 괜찮습니다.

풀이

교통이 불편하기 때문에 학교에 갈 때 시간이 많이 걸린다는 내용이다.

Reading Passage

I moved a month ago. My new house is located at the foot of a small mountain, so it's quiet and the air is good. When I have time, I go up the mountain to rest. The view from the top of the mountain is very beautiful. And when I see flowers and trees, my stress is relieved. The transportation is inconvenient, so it takes a lot of time to get to school, but it's okay because I can exercise.

Explanation

The content is that it takes a lot of time to get to school because the transportation is inconvenient.

67 ④

요즘 많은 사람들이 살을 빼기 위해서 운동을 합니다. 운동을 하면 에너지를 많이 사용하기 때문에 살이 빠집니다. 특히 걷거나 뛰는 운동은 에너지가 많이 필요해서 살을 뺄 때 도움이 됩니다. 하지만 너무 심하게 운동을 하면 피곤하니까 많이 먹게 되어서 살이 찔 수 있습니다. 살도 빼고 스트레스도 줄이기 위해서는 적당히 운동을 해야 합니다.

풀이

운동을 하면 에너지를 많이 사용하기 때문에 살이 빠진다는 내용이다.

Reading Passage

Many people exercise these days to lose weight. You lose weight because you use a lot of energy when you exercise. Especially walking or running exercises require a lot of energy, so they are helpful when losing weight. However, if you exercise too hard, you get tired, so you end up eating more and gaining weight. You need to exercise moderately to lose weight and reduce stress.

Explanation

The content is that you lose weight because you use a lot of energy when you exercise.

69 ③

읽기 지문

저는 초등학생 때 봄과 가을에 소풍을 갔습니다. 친구들과 선생님들과 같이 가까운 산이나 공원에 가서 게임도 하고 재미있게 놀았습니다. 게임에서 이긴 친구들은 선생님께서 주신 선물을 받았습니다. 장기 자랑 시간에 춤을 잘 추는 친구들은 우리들에게 춤을 보여 주었습니다. 그리고 노래를 잘하는 친구들은 마이크를 잡고 노래를 불렀습니다. 저는 춤을 잘 추지 못하고 노래도 잘 못해서 춤과 노래를 잘할 수 있는 친구들이 부러웠습니다. 지금 그 친구들이 보고 싶고 선생님이 그립습니다.

풀이

나는 춤을 잘 추지 못하고 노래도 잘 못해서 잘할 수 있는 친구들이 부러웠다는 내용이다.

Reading Passage

When I was an elementary school student, I used to go on picnics in spring and autumn. I went to nearby mountains or parks with my friends and teachers and played games and had fun. The friends who won the games received gifts from the teacher. During the talent show, friends who were good at dancing showed us their dances. And friends who were good at singing held the microphone and sang. I couldn't dance or sing well, so I was envious of my friends who could. I miss those friends and my teacher now.

Explanation

The content is that I was envious of my friends who were good at things because I couldn't dance or sing well.

❺ 글의 순서 파악하기 Understanding the order of the text

57 ②

(다) 어제 친구와 같이 공원으로 산책을 하러 갔습니다.

(가) 사람들이 많지 않아서 시끄럽지 않았습니다.

(라) 조용한 공원을 걸으면서 깨끗한 공기를 마시니까 기분이 좋았습니다.

(나) 산책을 끝내고 공원 벤치에 앉아서 쉬었습니다.

친구와 같이 공원에 갔는데 사람이 많지 않고 조용한 공원에서 깨끗한 공기를 마시니까 기분이 좋았다는 내용이다.

(다) Yesterday, I went for a walk in the park with my friend.

(가) There weren't many people, so it wasn't noisy.

(라) I felt good walking in the quiet park and breathing the clean air.

(나) After the walk, we sat on a park bench and rested.

The content is that I went to the park with my friend, there weren't many people, and I felt good breathing the clean air in the quiet park.

58 ①

(나) 사람은 살기 위해서 물이 꼭 필요합니다.

(다) 하지만 사람이 마실 수 있는 물은 많지 않습니다.

(가) 대부분의 물은 바닷물이기 때문입니다.

(라) 바닷물을 마실 수 있는 물로 바꿀 수 있지만 돈이 많이 듭니다.

사람은 물이 필요하지만 마실 수 있는 물이 많지 않고 바닷물을 마실 수 있는 물로 바꾸려면 돈이 많이 든다는 내용이다.

(나) People definitely need water to live.

(다) But there is not much drinkable water.

(가) This is because most of the water is seawater.

(라) Seawater can be converted into drinkable water, but it costs a lot of money.

The content is that people need water, but there is not much drinkable water, and it costs a lot of money to convert seawater into drinkable water.

실전 모의고사

| 듣기 | 정답 및 풀이 | Listening Answer & Explanation |

1	④	2	②	3	②	4	①	5	②
6	③	7	③	8	①	9	④	10	①
11	①	12	②	13	②	14	④	15	②
16	①	17	③	18	②	19	①	20	①
21	②	22	③	23	②	24	①	25	②
26	④	27	①	28	④	29	④	30	②

1 ④

듣기 지문

남자: 은행원이에요?

풀이

'은행원이에요?'라는 질문에는 '네. 은행원이에요.' 또는 '아니요. 은행원이 아니에요.'라는 대답이 좋다.

Listening Passage

M: Are you a bank teller?

Explanation

To the question '은행원이에요?', the answers '네. 은행원이에요.' or '아니요. 은행원이 아니에요.' are good.

2 ②

듣기 지문

여자: 점심을 먹어요?

풀이

'점심을 먹어요?'라는 질문에는 '네. 점심을 먹어요.' 또는 '아니요. 점심을 먹지 않아요.'라는 대답이 좋다.

Listening Passage

W: Are you having lunch?

Explanation

To the question '점심을 먹어요?', the answers '네. 점심을 먹어요.' or '아니요. 점심을 먹지 않아요.' are good.

3 ②

듣기 지문

남자: 이름이 뭐예요?

풀이

'이름이 뭐예요?'라는 질문에는 이름을 말해야 한다.

Listening Passage

M: What's your name?

Explanation

When asked '이름이 뭐예요?', you should say your name.

4 ①

듣기 지문

여자: 학교에 어떻게 가요?

풀이

'학교에 어떻게 가요?'라는 질문에는 학교에 가는 방법을 말해야 한다. '걸어서 가요.' 또는 '버스로 가요.' 등의 대답이 좋다.

Listening Passage

W: How do you get to school?

Explanation

When asked '학교에 어떻게 가요?', you should say how you get to school. Answers such as '걸어서 가요.' or '버스로 가요.' are good.

5 ②

듣기 지문

남자: 생일 축하해요.

풀이

'생일 축하해요.'와 같은 축하의 인사에는 '고마워요.' 또는 '감사합니다.' 등 감사의 대답이 좋다.

Listening Passage

M: Happy birthday.

Explanation

Congratulations such as '생일 축하해요.' are good to respond to with thanks such as '고마워요.' or '감사합니다.'

6 ③

듣기 지문

여자: 많이 드십시오.

풀이

'많이 드십시오.'는 식사하기 전에 하는 인사말이다. '잘 먹겠습니다.'라는 대답이 좋다.

Listening Passage

W: Eat a lot.

Explanation

'많이 드십시오.' is a greeting before a meal. The answer such as '잘 먹겠습니다.' is good.

7 ③

남자: 손님, 어디로 갈까요?
여자: 서울시청 앞으로 가 주세요.

풀이

택시 안에서 운전기사와 손님이 이야기하고 있다.

Listening Passage

M: Customer, where should we go?
W: Please go to the front of Seoul City Hall.

Explanation

A taxi driver and a passenger are talking in a taxi.

8 ①

듣기 지문

여자: 이 치마가 너무 짧아요. 좀 긴 치마가 있어요?
남자: 네. 여기 있습니다.

풀이

옷 가게에서 치마를 사러 온 손님과 직원이 이야기하고 있다.

Listening Passage

W: This skirt is too short. Do you have a longer skirt?
M: Yes. Here it is.

Explanation

A customer who came to buy a skirt at a clothing store and an employee are talking.

9 ④

듣기 지문

남자: 이 책을 빌리고 싶어요.
여자: 네. 학생증을 보여 주세요.

풀이

도서관에서 책을 빌리러 온 학생과 직원이 이야기하고 있다.

Listening Passage

M: I want to borrow this book.
W: Yes. Please show me your student ID.

Explanation

A student who came to borrow a book at the library and an employee are talking.

10 ①

듣기 지문

여자: 어디가 아프세요?
남자: 머리가 아프고 열이 나요.

풀이

두 사람이 병원에서 이야기하고 있다.

Listening Passage

W: Where does it hurt?
M: I have a headache and a fever.

Explanation

Two people are talking at the hospital.

11 ①

듣기 지문

남자: 저는 은행원이에요.

여자: 저는 선생님이에요.

풀이

두 사람은 직업에 대해서 이야기하고 있다. '은행원'과 '선생님'은 직업과 관계있는 표현이다.

Listening Passage

M: I am a bank teller.

W: I am a teacher.

Explanation

Two people are talking about their jobs. '은행원' and '선생님' are expressions related to occupation.

12 ②

듣기 지문

여자: 오늘은 덥네요.

남자: 네. 비도 와서 더 더운 것 같아요.

풀이

두 사람은 날씨에 대해서 이야기하고 있다. '덥다', '비가 오다'는 날씨와 관계있는 표현이다.

Listening Passage

W: It's hot today.

M: Yes. It seems hotter because it's raining.

Explanation

Two people are talking about the weather. '덥다' and '비가 오다' are expressions related to weather.

13 ②

듣기 지문

남자: 비빔밥이 좀 매워요.

여자: 불고기는 맵지 않은데요.

풀이

두 사람은 비빔밥과 불고기 맛에 대해 이야기하고 있다. '맵다'는 맛과 관계있는 표현이다.

Listening Passage

M: Bibimbap is a bit spicy.

W: Bulgogi is not spicy.

Explanation

Two people are talking about the taste of bibimbap and bulgogi. '맵다' is an expression related to taste.

14 ④

듣기 지문

여자: 오늘이 며칠이에요?

남자: 3월 5일이에요.

풀이

두 사람은 날짜에 대해 이야기하고 있다. '며칠', '__월 __일'은 날짜와 관계있는 표현이다.

Listening Passage

W: What's the date today?

M: It's March 5th.

Explanation

Two people are talking about the date. '며칠', '__월 __일' are expressions related to the date.

15 ②

듣기 지문

남자: 이 사과는 얼마예요?
여자: 한 개에 2,000원입니다.

풀이

과일 가게에서 손님이 사과값을 물어보는 대화이다.

Listening Passage

M: How much is this apple?
W: 2,000 won each.

Explanation

This is a conversation in a fruit store where a customer asks the price of an apple.

16 ①

듣기 지문

여자: 여기에 공항버스가 있어요?
남자: 저쪽에 공항버스 정류장이 있어요.

풀이

남자가 여자에게 공항버스 정류장을 알려 주는 대화이다.

Listening Passage

W: Is there an airport bus here?
M: There is an airport bus stop over there.

Explanation

This is a conversation where a man tells a woman where the airport bus stop is.

17 ③

듣기 지문

여자: 민수 씨, 휴가 때 뭘 할 거예요?
남자: 책도 좀 읽고 친구도 만나려고 해요. 수미 씨는요?
여자: 저는 친구들과 여행을 갈 거예요.

풀이

① 남자는 친구가 있습니다.
② 여자는 휴가 때 친구들과 여행을 갈 겁니다.
③ 여자는 휴가 때 여행을 갈 겁니다.
④ 남자는 휴가 때 책을 읽고 친구를 만나려고 합니다.

Listening Passage

W: Minsu, what are you going to do on your vacation?
M: I'm going to read some books and meet some friends. How about you, Sumi?
W: I'm going on a trip with my friends.

Explanation

① The man has friends.
② The woman will go on a trip with friends during vacation.
③ The woman will go on a trip during vacation.
④ The man is going to read a book and meet friends during vacation.

18 ②

남자: 음식이 정말 맛있어요. 요리를 잘하시네요.
여자: 그래요? 작년부터 요리 학원에 다니고 있어요.
남자: 저는 늦게 퇴근하니까 보통 회사 식당에서 먹어요.
여자: 주말에 가끔 요리를 해 보세요. 생각보다 쉬워요.

풀이

① 여자는 요리를 잘합니다.
② 여자는 요리를 배우고 있습니다.
③ 남자는 보통 회사 식당에서 식사합니다.
④ 여자는 작년부터 요리 학원에 다니고 있습니다.

Listening Passage

M: The food is really delicious. You are a good cook.
W: Really? I've been going to cooking school since last year.
M: I get off work late, so I usually eat at the company cafeteria.
W: Try cooking sometimes on weekends. It's easier than you think.

Explanation

① The woman is a good cook.
② The woman is learning to cook.
③ The man usually eats at the company cafeteria.
④ The woman has been going to cooking school since last year.

19 ①

듣기 지문

남자: 10시가 넘었는데 지금 음료수를 사러 가요?
여자: 네. 집 근처에 있는 편의점은 24시간 해요.
남자: 그래요? 그럼, 저도 같이 가요. 과자를 사고 싶어요.
여자: 네. 좋아요. 같이 가요.

풀이

① 여자는 음료수를 살 겁니다.
② 남자는 여자와 같이 편의점에 갈 겁니다.
③ 남자는 과자를 사고 싶어 합니다.
④ 남자는 편의점에 가려고 합니다.

Listening Passage

M: It's past 10 o'clock, are you going to buy a drink now?
W: Yes. The convenience store near my house is open 24 hours.
M: Really? Then I'll go with you. I want to buy snacks.
W: Yes. Okay. Let's go together.

Explanation

① The woman will buy a drink.
② The man will go to the convenience store with the woman.
③ The man wants to buy snacks.
④ The man is going to go to the convenience store.

20 ①

듣기 지문

여자: 한국에서 대학교에 다니려고요?
남자: 네. 대학교에 입학하려면 무엇을 먼저 준비해야
해요?
여자: 토픽 시험 점수가 있어야 해요.
남자: 그럼, 먼저 토픽 시험을 신청해야겠네요.

풀이

① 남자는 토픽 시험을 볼 겁니다.
② 남자는 대학교에 입학하고 싶어 합니다.
③ 남자는 토픽 시험을 준비할 겁니다.
④ 남자는 대학교에 가고 싶어 합니다.

Listening Passage

W: Are you going to attend university in Korea?
M: Yes. What should I prepare first to enter university?
W: You must have a TOPIK test score.
M: Then, I'll have to apply for the TOPIK test first.

Explanation

① The man will take the TOPIK test.
② The man wants to go to college.
③ The man will prepare for the TOPIK test.
④ The man wants to go to college.

21 ②

듣기 지문

남자: 어서 오세요. 손님, 모두 몇 분이세요?
여자: 4명이에요. 창가 자리가 있어요?
남자: 죄송합니다. 창가 자리는 미리 예약을 해야 합니다.
여자: 그래요? 그럼, 다른 자리도 괜찮아요.

풀이

① 남자는 식당에서 일합니다.
② 여자는 예약을 하지 않았습니다.
③ 여자는 창가 자리에 앉고 싶어 합니다.
④ 여자는 이 식당에서 식사를 할 겁니다.

Listening Passage

M: Welcome. How many people are there?
W: 4 people. Is there a window seat?
M: I'm sorry. Window seats must be reserved in advance.
W: Is that so? Then any other seat is fine.

Explanation

① The man works at a restaurant.
② The woman did not make a reservation.
③ The woman wants to sit by the window.
④ The woman will eat at this restaurant.

22 ③

듣기 지문

여자: 민수 씨는 주말에 뭐 해요?
남자: 평일에는 회사 일이 많으니까 주말에는 쉬거나
집안일을 해요.
여자: 주말에는 취미 생활이나 좀 신나는 일을 해 보세요.
남자: 네. 그래야겠어요.

풀이

여자는 주말에 쉬거나 집안일을 하는 것보다 취미
생활이나 신나는 활동을 하는 것이 좋다고 생각
한다.

Listening Passage

W: What do you do on weekends, Minsu?
M: I have a lot of work at the company on weekdays, so I rest or do housework on weekends.
W: Try hobbies or something exciting on the weekends.
M: Yes. I should do that.

Explanation

The woman thinks it is better to have hobbies or exciting activities on weekends than to rest or do housework.

23 ②

듣기 지문

여자: 어디 아프세요? 얼굴이 안 좋아요.

남자: 밤에 잠을 잘 수 없어요. 그러니까 너무 피곤해요.

여자: 저녁 식사 후에 가볍게 산책하는 것이 도움이 될 거예요.

남자: 네, 그럴게요. 계속 힘들면 병원에 가 봐야겠어요.

풀이

여자는 저녁 식사 후에 가볍게 산책을 하는 것이 좋다고 생각한다.

Listening Passage

W: Where does it hurt? You don't look well.

M: I can't sleep at night. So I'm so tired.

W: A light walk after dinner will help.

M: Yes, I will. If it continues to be difficult, I'll have to go to the hospital.

Explanation

The woman thinks it is good to take a light walk after dinner.

---

24 ①

듣기 지문

남자: 방학 때 제주도로 여행을 가려고 해요.

여자: 그래요? 좋겠어요. 비행기표는 예매했어요?

남자: 아니요. 아직 예약하지 않았어요.

여자: 비행기표가 많이 없을 거예요. 빨리 예매하세요.

풀이

여자는 제주도 비행기표를 빨리 사야 한다고 생각한다.

Listening Passage

M: I'm planning to travel to Jeju Island during vacation.

W: Really? That's great. Have you booked your flight tickets?

M: No. I haven't made a reservation yet.

W: There won't be many flight tickets left. Book quickly.

Explanation

The woman thinks that he should buy Jeju Island flight tickets quickly.

25~26

듣기 지문

여자: (딩동댕) 잠시 안내 말씀드립니다. 다음 달 12일 토요일에 우리 회사에서 마라톤 대회를 합니다. 우리 회사 직원은 모두 신청할 수 있습니다. 내일부터 신청할 수 있고 참가비는 2만 원입니다. 참가하는 모든 사람들에게 티셔츠와 모자를 선물로 드립니다. 자세한 내용은 홈페이지를 확인해 주십시오. 감사합니다. (딩동댕)

Listening Passage

W: (Ding Dong Dang) May I have your attention, please? Our company will be holding a marathon on Saturday, December 12th. All employees of our company can apply. You can apply from tomorrow, and the participation fee is 20,000 won. T-shirts and hats will be given as gifts to everyone who participates. For more details, please check the website. Thank you. (Ding Dong Dang)

---

25 ②

풀이

여자는 회사에서 하는 마라톤 대회를 알리고 있다.

Explanation

The woman is announcing a marathon hosted by the company.

26 ④

풀이

① 마라톤 대회에 참가하면 티셔츠를 줍니다.

② 다음 달 12일에 회사에서 마라톤 대회를 합니다.

③ 마라톤 대회를 나가려면 참가비 2만 원을 내야
합니다.

④ 마라톤 대회에 참가하면 티셔츠와 모자를 받습
니다.

Explanation

① You get a T-shirt if you participate in the marathon.

② The company will hold a marathon on the 12th of
next month.

③ To participate in the marathon, you must pay a
participation fee of 20,000 won.

④ If you participate in the marathon, you will receive a
T-shirt and a hat.

27~28

듣기 지문

여자: 이번 드라마에 제가 좋아하는 가수 김민수가 나
와요.

남자: 저는 가수가 왜 드라마에 나오는지 모르겠어요.

여자: 지난번에도 드라마에 나왔는데 인기가 많았어요.

남자: 그 드라마를 봤어요?

여자: 네. 김민수 씨가 연기를 정말 잘했어요.

남자: 그래요? 전 드라마를 좋아하지 않아서 잘 안 봐요.

Listening Passage

W: My favorite singer, Kim Min-su, is appearing in this
drama.

M: I don't know why singers appear in dramas.

W: He was in a drama last time too, and he was very
popular.

M: Did you see that drama?

W: Yes. Mr. Kim Min-su acted really well.

M: Really? I don't like dramas, so I don't watch them
often.

27 ①

풀이

두 사람은 드라마에 나오는 가수 김민수에 대해서
이야기하고 있다.

Explanation

The two are talking about the singer Kim Min-su, who
appears in the drama.

28 ④

풀이

① 남자는 드라마를 잘 보지 않습니다.

② 여자가 연기를 하고 싶어 한다는 내용은 없다.

③ 여자는 드라마를 본 적이 있습니다.

④ 남자는 가수들이 연기하는 것을 좋아하지 않습
니다.

Explanation

① The man doesn't watch dramas very often.

② There is no mention of the woman wanting to act.

③ The woman has seen the drama before.

④ The man doesn't like singers acting.

29~30

여자: 가수 김민수 씨, 이번에 요리책까지 쓰셨네요.

남자: 네. 제가 요리하는 걸 좋아해요. 1년 전부터 요리 방송도 하고 있고요.

여자: 김민수 씨의 요리 방송이 정말 인기가 많아요. 이유가 뭘까요?

남자: 아마 제가 하는 요리가 쉽고 간단하기 때문인 것 같아요. 재료도 특별한 것을 쓰지 않고 보통 집에 있는 재료들을 사용하거든요.

여자: 요리 방송을 하고 있는데 요리책까지 쓰신 이유가 있으세요?

남자: 요리하는 것이 생각보다 힘들지 않다는 것을 알려 주고 싶어서 책을 쓰기 시작했어요. 책을 보고 따라 하면 누구나 쉽게 요리할 수 있어요. 요리하면 음식을 만드는 사람도 행복하고 먹는 사람도 행복해져요. 여러분들도 한번 해 보세요.

Listening Passage

W: Singer Kim Min-su, you even wrote a cookbook this time.

M: Yes, I like to cook. I've been doing cooking shows since a year ago.

W: Kim Min-su's cooking show is really popular. I wonder why?

M: Maybe it's because the food I cook is easy and simple. I don't use any special ingredients, I just use the ingredients that are usually at home.

W: You're doing a cooking show, is there a reason why you wrote a cookbook?

M: I started writing the book because I wanted to show people that cooking is not as difficult as you might think. If you read the book and follow it, anyone can easily cook. When you cook, the person who makes the food is happy, and the person who eats it is also happy. You guys should try it too.

29 ④

풀이

남자는 요리하는 것이 힘들지 않다는 것을 알려 주고 싶어서 책을 썼다.

Explanation

The man wrote a book because he wanted to show that cooking is not difficult.

30 ②

풀이

① 남자는 가수입니다.
② 남자가 하는 요리 방송은 인기가 많습니다.
③ 남자는 1년 전에 요리 방송을 시작했습니다.
④ 남자는 지금도 요리 방송을 하고 있습니다.

Explanation

① The man is a singer.
② The cooking show the man does is very popular.
③ The man started a cooking show a year ago.
④ The man is still doing cooking shows.

31	③	32	④	33	①	34	②	35	④
36	④	37	②	38	①	39	③	40	③
41	①	42	②	43	①	44	②	45	①
46	②	47	①	48	②	49	④	50	③
51	①	52	②	53	①	54	④	55	②
56	①	57	③	58	①	59	②	60	③
61	②	62	④	63	①	64	④	65	③
66	①	67	③	68	③	69	③	70	③

실전 모의고사

31 ③

읽기 지문

여름은 덥습니다. 겨울은 춥습니다.

풀이

계절에 대한 설명이다.

Reading Passage

Summer is hot. Winter is cold.

Explanation

This is an explanation of the seasons.

32 ④

읽기 지문

음식을 만듭니다. 음식이 맛있습니다.

풀이

요리에 대한 설명이다.

Reading Passage

I make a dish. The food is delicious.

Explanation

This is an explanation of cooking.

33 ①

읽기 지문

오늘은 학교에 안 갑니다. 집에서 쉽니다.

풀이

휴일에 대한 설명이다.

Reading Passage

I'm not going to school today. I'm resting at home.

Explanation

This is an explanation of a holiday.

34 ②

읽기 지문

지하철을 탑니다. 아주 빠릅니다.

풀이

'지하철'은 '탑니다'와 같이 사용한다.

Reading Passage

I take the subway. It is very fast.

Explanation

'지하철' is used with 탑니다'.

35 ④

읽기 지문

머리가 아픕니다. 병원에 갑니다.

풀이

'아프다'와 관계있는 것은 '병원'이다.

Reading Passage

I have a headache. I go to the hospital.

Explanation

What is related to '아프다' is '병원'.

36 ④

읽기 지문

저는 경찰입니다. 길에서 사람들을 도와줍니다.

풀이

'경찰'과 관계있는 것은 '도와줍니다'이다.

Reading Passage

I am a police officer. I help people on the street.

Explanation

What is related to '경찰' is '도와줍니다'.

37 ②

읽기 지문

가게 점원이 친절합니다. 손님이 많습니다.

풀이

'손님이 많습니다'와 관계있는 것은 '친절합니다'이다.

Reading Passage

The store clerk is kind. There are many customers.

Explanation

What is related to '손님이 많습니다' is '친절합니다'.

38 ①

읽기 지문

시간이 없습니다. 빨리 준비합니다.

풀이

'시간이 없습니다'와 관계있는 것은 '빨리 준비합니다'이다.

Reading Passage

I don't have time. I'll get ready quickly.

Explanation

What is related to '시간이 없습니다' is '빨리 준비합니다'.

39 ③

저는 드라마를 좋아합니다. 영화도 좋아합니다.

'드라마를 좋아합니다'와 관계있는 것은 '영화도 좋아합니다'이다.

I like dramas. I like movies too.

What is related to '드라마를 좋아합니다' is '영화도 좋아합니다'.

40 ③

맛있는 소고기라면
1,200원
2025.06.05.까지

이 라면은 '유월 오일'까지 판다.

Delicious Beef Ramen
1,200 won
Until 2025.06.05.

This ramen is sold until 'June 5th'.

41 ①

– 공사 안내 –
• 횡단보도, 신호등 설치
• 기간: 10월 5일~10월 25일
통행에 불편을 드려서 죄송합니다.

시월에 공사를 한다.

– Construction Notice –
• Crosswalk, traffic light installation
• Period: October 5th to October 25th
We apologize for the inconvenience to your passage.

Construction will take place in October.

42 ②

수미: 저는 내일 도서관에 갈 거예요. 민수 씨도 갈 수 있어요?
민수: 네, 저도 가고 싶어요.
수미: 그럼, 9시에 도서관 앞에서 봐요.

민수 씨는 내일 도서관에 간다.

Sumi: I'm going to the library tomorrow. Can Minsu go too?
Minsu: Yes, I want to go too.
Sumi: Then, see you in front of the library at 9 o'clock.

Minsu is going to the library tomorrow.

43 ①

읽기 지문

저는 사진을 많이 찍습니다. 그래서 좋은 카메라가 있습니다. 내일은 친구들과 북한산에서 사진을 찍을 겁니다.

풀이

나는 내일 친구들과 같이 북한산에서 사진을 찍을 것이다.

Reading Passage

I take a lot of pictures. So I have a good camera. Tomorrow I will take pictures with my friends in Bukhansan.

Explanation

I will take pictures with my friends in Bukhansan tomorrow.

44 ②

읽기 지문

저는 어제 친구와 영화를 봤습니다. 영화가 아주 슬펐습니다. 다음에는 친구와 즐거운 영화를 볼 겁니다.

풀이

나는 어제 친구와 영화를 봤다.

Reading Passage

I watched a movie with my friend yesterday. The movie was very sad. Next time, I will watch a fun movie with my friend.

Explanation

I watched a movie with a friend yesterday.

45 ①

읽기 지문

어제 친구가 저에게 문자메시지를 보냈습니다. 하지만 제가 너무 바빠서 메시지를 보지 못했습니다. 나중에 친구에게 전화를 했지만 친구가 전화를 받지 않았습니다.

풀이

나는 어제 너무 바빠서 친구의 문자메시지를 보지 못했다.

Reading Passage

Yesterday, a friend sent me a text message. But I was so busy that I couldn't see the message. I called my friend later, but my friend didn't answer the phone.

Explanation

I was so busy yesterday that I couldn't see my friend's text message.

46 ②

읽기 지문

저는 여행하는 것을 아주 좋아합니다. 하지만 지금은 너무 추워서 여행을 하기가 어렵습니다. 따뜻한 봄이 오면 여기저기 여행을 할 겁니다.

풀이

따뜻한 봄이 오면 여기저기 여행을 할 것이라는 내용이다.

Reading Passage

I really like to travel. But it's too cold to travel now. When warm spring comes, I will travel here and there.

Explanation

The content is that when warm spring comes, I will travel here and there.

47 ①

읽기 지문

제 동생은 춤을 잘 춥니다. 동생이 춤을 추면 아주 멋있습니다. 저도 멋있는 춤을 배우고 싶습니다.

풀이

멋있는 춤을 배우고 싶다는 내용이다.

Reading Passage

My younger brother is good at dancing. When my brother dances, he is very cool. I also want to learn a cool dance.

Explanation

The content is that I want to learn a cool dance.

48 ②

읽기 지문

저는 한국 드라마를 많이 봅니다. 그렇지만 한국말을 잘 몰라서 이해하기가 어렵습니다. 이번 방학에는 한국어 공부를 시작하려고 합니다.

풀이

이번 방학에 한국어 공부를 시작하려고 한다는 내용이다.

Reading Passage

I watch a lot of Korean dramas. However, I don't know Korean well, so it's difficult to understand. I am planning to start studying Korean this vacation.

Explanation

The content is that I am going to start studying Korean this vacation.

49~50

읽기 지문

저는 대학 병원에서 일하는 간호사입니다. 아픈 환자들을 도와주는 일을 합니다. 제 도움이 필요한 환자들을 생각하면서 열심히 일합니다. 가끔 밤에 일할 때는 힘들고 피곤합니다. 그렇지만 환자들이 저에게 감사 인사를 할 때 정말 기분이 좋습니다. 저는 더 좋은 간호사가 되고 싶습니다.

Reading Passage

I am a nurse working at a university hospital. I help sick patients. I work hard thinking of patients who need my help. Sometimes it is tiring and tiring when I work at night. But I feel really good when patients thank me. I want to be a better nurse.

49 ④

풀이

앞의 문장과 반대되는 의미를 연결하는 '그렇지만'을 사용한다.

Explanation

'그렇지만' is used to connect the opposite meaning to the previous sentence.

50 ③

풀이

나는 대학 병원에서 아픈 환자들을 도와주는 간호사이다.

Explanation

I am a nurse at a university hospital who helps sick patients.

51~52

읽기 지문

인주시에서 '여름 음악회'에 여러분을 초대합니다. 매년 여름에 열리는 이 음악회는 이번에도 재미있는 프로그램이 많습니다. 가족, 친구들과 함께 더운 여름을 시원하게 보낼 수 있습니다. 이 음악회는 인터넷으로 신청을 받습니다. 인주시 홈페이지에 들어가서 날짜와 시간을 선택하고 신청하시면 됩니다.

Reading Passage

Inju City invites you to the 'Summer Concert'. This concert, held every summer, has many interesting programs this time as well. You can spend the hot summer coolly with your family and friends. This concert is accepting applications online. You can apply by going to the Inju City website and selecting the date and time.

51 ①

풀이

앞의 동작을 한 후에 뒤의 동작이 있음을 나타내는 '-아서'를 사용한 '들어가서'가 와야 한다.

Explanation

It is appropriate to use '들어가서', using '-아서' which indicates that the next action occurs after the previous action.

52 ②

풀이

음악회를 보고 싶으면 인주시 홈페이지에 들어가서 신청을 해야 한다는 내용이다.

Explanation

The content is that if you want to see a concert, you have to go to the Inju City website and apply.

53~54

읽기 지문

저는 머리를 자르러 미용실에 갔습니다. 제가 좋아하는 배우의 사진을 가지고 갔습니다. 저도 그 배우처럼 머리를 자르고 싶었습니다. 미용사에게 사진을 보여 주고 의자에 앉았습니다. 미용사가 제 머리를 자른 후에 거울을 봤습니다. 머리 모양이 마음에 들었습니다.

Reading Passage

I went to the beauty salon to get my hair cut. I took a picture of my favorite actor. I wanted to cut my hair like that actor. I showed the picture to the hairdresser and sat down in the chair. After the hairdresser cut my hair, I looked in the mirror. I liked the hairstyle.

53 ①

풀이

앞의 동작이 끝나고 뒤의 동작이 이어지는 의미를 나타내는 '-은 후에'를 사용한 '자른 후에'가 와야 한다.

Explanation

It is appropriate to use '자른 후에' using '-은 후에', which indicates that the previous action ends and the next action continues.

54 ④

나는 좋아하는 배우처럼 머리를 자르고 싶어서 미용실에 갔다는 내용이다.

Explanation

The content is that I went to the beauty salon because I wanted to cut my hair like my favorite actor.

55~56

읽기 지문

오늘부터 한강 공원에서 '밖으로 나온 도서관'이 시작됐습니다. 사람들이 책을 빌리러 도서관에 가는 것이 아니라 도서관이 사람들을 찾아가는 것입니다. 사람들은 공원에서 산책도 하고 읽고 싶은 책을 빌려서 시원한 곳에서 읽습니다. 이 도서관은 매주 다른 장소에서 열리는데 책을 빌리려면 신분증이 필요합니다.

Reading Passage

'Outdoor Library' has started at Hangang Park from today. People do not go to the library to borrow books, but the library goes to people. People take a walk in the park, borrow books they want to read, and read them in a cool place. This library is open at different locations every week, and you need an ID to borrow a book.

55 ②

풀이

사람들은 공원에서 읽고 싶은 책을 빌려서 시원한 곳에서 읽는다는 내용이다.

Explanation

The content is that people borrow books they want to read in the park and read them in a cool place.

56 ①

풀이

사람들이 책을 빌리러 도서관에 가는 것이 아니라 도서관이 사람들을 찾아간다는 내용이다.

Explanation

The content is that people do not go to the library to borrow books, but the library goes to people.

57 ③

읽기 지문

(나) 어제 저녁에 친구와 만날 약속이 있었습니다.
(가) 그런데 일이 생겨서 나갈 수 없었습니다.
(라) 그래서 친구에게 전화를 해서 약속을 취소했습니다.
(다) 전화를 받는 친구의 목소리가 좋지 않았습니다.

풀이

친구와 약속을 했지만 일이 생겨 나갈 수 없어서 전화로 취소를 했는데 친구의 목소리가 좋지 않았다는 내용이다.

Reading Passage

(나) I had an appointment to meet a friend last night.
(가) But something came up and I couldn't go out.
(라) So I called my friend and canceled the appointment.
(다) The friend's voice on the other end of the line did not sound good.

Explanation

The content is that I had an appointment with a friend, but I couldn't go out, so I canceled it by phone, and my friend's voice did not sound good.

58 ①

(가) 보통 매운 음식을 먹으면 기분이 좋아집니다.

(라) 그래서 사람들은 스트레스가 쌓일 때 매운 음식을 먹습니다.

(다) 하지만 매운 음식을 너무 많이 먹으면 안 됩니다.

(나) 배가 아파지거나 여러 가지 병이 생길 수 있습니다.

풀이

매운 음식을 먹으면 기분이 좋아지기 때문에 스트레스가 쌓일 때 매운 음식을 먹지만 많이 먹으면 배가 아파지거나 병이 생길 수 있다는 내용이다.

Reading Passage

(가) Usually, when I eat spicy food, I feel better.

(라) So people eat spicy food when they are stressed.

(다) However, you should not eat too much spicy food.

(나) You may have a stomachache or develop various diseases.

Explanation

The content is that when you eat spicy food, you feel better, so people eat spicy food when they are stressed, but if you eat a lot of it, you may get a stomachache or get sick.

59~60

읽기 지문

저는 여행 동영상을 많이 봅니다. 여러 나라를 여행하는 이야기가 아주 재미있습니다. 저도 동영상에서 본 나라들을 여행하고 싶습니다. 그래서 요즘 아르바이트를 해서 돈을 모으고 있습니다. 학교에 다니면서 아르바이트를 하는 것이 힘들지만 열심히 일하고 있습니다. 방학이 되면 모은 돈으로 여행을 갈 생각입니다.

Reading Passage

I watch a lot of travel videos. The stories of traveling to different countries are very interesting. I also want to travel to the countries I saw in the video. So these days I'm working part-time to save money. It's hard to work part-time while going to school, but I'm working hard. When vacation comes, I plan to travel with the money I saved.

---

59 ②

풀이

동영상에서 본 나라들을 여행하고 싶어서 요즘 아르바이트를 해서 돈을 모으고 있다는 내용이다. '그래서'는 앞의 내용이 뒤의 내용에 대한 이유일 때 사용한다.

Explanation

The content is that I am working part-time these days to save money because I want to travel to the countries I saw in the video. '그래서' is used when the preceding content is the reason for the following content.

---

60 ③

풀이

나는 돈을 모아서 동영상에서 본 나라들을 여행하고 싶다는 내용이다.

Explanation

The content is that I want to save money and travel to the countries I saw in the video.

61~62

저는 오늘 고등학교 때 친구의 전화를 받았습니다. 우리는 학교를 졸업한 후에 한 번도 연락을 한 적이 없습니다. 그런데 친구가 갑자기 전화를 해서 저는 깜짝 놀랐습니다. 친구의 목소리는 아주 밝았습니다. 우리는 옛날처럼 많은 이야기를 했습니다. 오랜만에 통화를 했지만 매일 만난 것 같았습니다. 다음에는 정말로 친구를 만나고 싶습니다.

Reading Passage

Today I received a call from a friend from high school. We have not been in contact once since graduating from school. But I was surprised when my friend suddenly called me. My friend's voice was very bright. We talked a lot like we used to. It was like we met every day even though it was our first time talking in a long time. Next time I really want to meet my friend.

61 ②

풀이

오랫동안 연락을 하지 않은 친구가 갑자기 전화를 해서 깜짝 놀랐다는 내용이다.

Explanation

The content is that I was surprised because a friend I hadn't contacted in a long time suddenly called me.

62 ④

풀이

같은 고등학교에 다녔던 친구가 전화를 했다는 내용이다.

Explanation

The content is that a friend who went to the same high school called.

63~64

읽기 지문

제목: 주민 여러분, 안녕하십니까?

주민 여러분께
안녕하십니까? 엘리베이터가 고장이 나서 지금 고치는 중입니다. 오후 5시까지 엘리베이터를 이용할 수 없습니다. 계단을 이용하시기 바랍니다. 불편하시겠지만 조금만 기다려 주십시오.
– 7월 9일 아파트 관리실

Reading Passage

Title: Hello, resident

To resident
Hello. The elevator is broken and is being repaired now. The elevator cannot be used until 5 pm. Please use the stairs. We apologize for the inconvenience, but please wait a little longer.
– July 9th Apartment Management Office

63 ①

풀이

엘리베이터가 고장이 나서 고치는 중이라는 것을 주민들에게 알리는 내용이다.

Explanation

The content is a notice to inform residents that the elevator is broken and is being repaired.

64 ④

풀이

오후 5시까지 엘리베이터를 이용할 수 없다는 내용이다.

Explanation

The content is that the elevator cannot be used until 5 PM.

65~66

읽기 지문

우리는 종이로 책이나 공책을 만들고 화장실에서 사용하는 휴지도 만듭니다. 그리고 한 번 사용하고 버리는 컵도 만듭니다. 종이로 생활에 필요한 여러 가지를 만들 수 있어서 우리는 편리한 생활을 할 수 있습니다. 그런데 종이를 많이 사용하면 나무가 없어집니다. 종이는 나무로 만들기 때문입니다. 나무를 지키려면 종이를 아껴서 사용해야 합니다.

Reading Passage

We use paper to make books and notebooks, and we also make toilet paper used in the bathroom. And we also make disposable cups. We can live a convenient life because we can make various things necessary for life with paper. But if you use a lot of paper, the trees will disappear. This is because paper is made from trees. To protect trees, you need to conserve paper.

65 ③

풀이

종이를 많이 사용하면 나무가 없어지는 이유는 나무로 종이를 만들기 때문이라는 내용이다.

Explanation

The content is that if you use a lot of paper, trees will disappear because paper is made from trees.

66 ①

풀이

종이로 생활에 필요한 여러 가지를 만들 수 있어서 우리는 편리한 생활을 할 수 있다는 내용이다.

Explanation

The content is that we can live a convenient life because we can make various things necessary for life with paper.

67~68

읽기 지문

햇빛은 우리 몸이 병과 싸울 수 있는 에너지를 줍니다. 햇빛을 받아서 만든 에너지는 여러 가지 병을 막아 줍니다. 사람들은 햇빛을 받지 못하면 기분이 나빠지고 몸이 피곤해집니다. 우리의 몸과 마음을 건강하게 하는 햇빛 에너지가 부족하기 때문입니다. 겨울에는 날씨가 추워서 실내에서 생활하는 시간이 깁니다. 이때에는 햇빛이 좋은 시간에 밖에 나가서 걸으면 좋습니다.

Reading Passage

Sunlight gives our body the energy to fight disease. The energy made by receiving sunlight prevents various diseases. When people don't get sunlight, they feel bad and their bodies get tired. This is because we lack the sun's energy to keep our bodies and minds healthy. In winter, the weather is cold, so we spend a lot of time indoors. At this time, it is good to go out for a walk when the sun is good.

67 ③

햇빛을 받지 못하면 햇빛 에너지가 부족하기 때문에 기분이 나빠지고 피곤해진다는 내용이다.

Explanation

The content is that if you don't get sunlight, you will feel bad and tired because you lack solar energy.

68 ③

풀이

햇빛을 받아서 만든 에너지가 사람들의 몸과 마음을 건강하게 한다는 내용이다.

Explanation

The content is that the energy made by receiving sunlight makes people's bodies and minds healthy.

69~70

읽기 지문

얼마 전 저는 새집으로 이사를 했습니다. 새집은 방이 크고 밝아서 아주 마음에 듭니다. 그리고 큰 창문이 있어서 바람도 잘 들어옵니다. 예전에는 방도 넓지 않고 화장실도 작아서 생활하기가 불편했습니다. 작은 방에 가구를 놓을 수 없어서 상자와 큰 가방에 물건을 넣고 살았습니다. 하지만 이제는 책상도 있고 옷장도 있어서 물건을 깨끗하게 정리할 수 있습니다. 이 집은 같은 학교에 다니는 친구가 소개해 주었습니다. 친구가 살고 있는 집과 가까워서 이제는 학교에 갈 때 친구와 같이 갑니다. 이번 주말에 친구를 초대해서 고향 음식을 만들어 주려고 합니다.

Reading Passage

I recently moved to a new house. I really like the new house because the rooms are big and bright. And because there is a large window, the wind blows well. In the past, it was inconvenient to live because the room was not spacious and the bathroom was small. I couldn't put furniture in the small room, so I lived with things in boxes and big bags. But now that I have a desk and a wardrobe, I can organize things neatly. This house was introduced by a friend who goes to the same school. Since it is close to the house where my friend lives, I now go to school with my friend. This weekend, I'm going to invite a friend over to cook some hometown food.

69 ③

풀이

작은 방에 가구를 놓을 수 없어서 상자와 큰 가방에 물건을 넣고 살았다는 내용이다.

Explanation

The content is that I couldn't put furniture in the small room, so I lived with things in boxes and big bags.

70 ③

풀이

이사한 집에서 친구 집이 가까워서 학교에 갈 때 같이 간다는 내용이다.

Explanation

The content is that I moved to a new house and it is close to my friend's house, so I go to school with my friend.

부록

APPENDIX

• 학습한 내용 중 TOPIK I 시험을 준비할 때 알아두면 좋을 표현을 복습해 봅시다.

표현	영어	중국어	일본어	베트남어
가게	store	商店	店	cửa hàng
가깝다	to be close	近	近い	gần
가끔	sometimes	偶尔	時々	thỉnh thoảng
가능하다	to be possible	可能	可能だ	có thể
가르치다	to teach	教	教える	dạy học
가방	bag	包	バック	cặp
가볍다	to be light	轻	軽い	nhẹ
가수	singer	歌手	歌手	ca sĩ
가을	autumn	秋天	秋	mùa thu
가족	family	家人	家族	gia đình
갈아타다	to transfer	换乘	乗り換える	chuyển (tàu/xe)
감사합니다	Thank you	谢谢	ありがとうございます	Cảm ơn (trang trọng)
같이	together	一起	一緒に	cùng nhau
개월	month	月	ヶ月	tháng
거기	there	那里	そこ	ở đó
거리	street	街道	通り	đường phố
거의	almost	几乎	ほとんど	hầu như
건강	health	健康	健康	sức khỏe
건강하다	to be healthy	健康	健康だ	khỏe mạnh
건물	building	建筑物	建物	tòa nhà
걷다	to walk	走路	歩く	đi bộ
겨울	winter	冬天	冬	mùa đông
결정하다	to decide	决定	決める	quyết định
경찰	police officer	警察	警察	cảnh sát
경치	scenery	风景	景色	phong cảnh
경험하다	to experience	经历	経験する	trải nghiệm
계획	plan	计划	計画	kế hoạch
고맙다	to be thankful	谢谢	ありがたい	cảm ơn

표현	영어	중국어	일본어	베트남어
고모	paternal aunt	姑姑	叔母（父方の）	cô/bác (em gái/chị gái của bố)
고향	hometown	家乡	故郷	quê hương
곡	song	歌曲	曲	bài hát
공기	air	空气	空気	không khí
공무원	public official	公务员	公務員	công chức
공부	study	学习	勉強	học
공연	performance	演出	公演	buổi biểu diễn
공항	airport	机场	空港	sân bay
과일	fruit	水果	果物	trái cây
괜찮다	to be okay	没关系	大丈夫だ	không sao
교실	classroom	教室	教室	lớp học
교통	traffic	交通	交通	giao thông
교통정리	traffic control	交通疏导	交通整理	điều khiển giao thông
교환하다	to exchange	换货	交換する	trao đổi
귀찮다	to be troublesome	麻烦	面倒くさい	phiền phức
규칙적	regular	规律	規則正しい	đều đặn
그래서	therefore	所以	だから	vì vậy
그러나	however	但是	しかし	nhưng
그러니까	therefore	所以	だから	vì vậy
그러면	then	那么	それでは	vậy thì
그런데	but	不过	ところで	nhưng mà
그렇지만	but	但是	けれども	nhưng mà
그리고	and	然后	そして	và
그립다	to miss	想念	懐かしい	nhớ
그만두다	to quit	停止	やめる	dừng lại
극장	theater	电影院	劇場	rạp chiếu phim
근처	near	附近	近く	gần
금방	soon	马上	もうすぐ	nhanh thôi
금요일	Friday	星期五	金曜日	thứ sáu
기다리다	to wait	等待	待つ	chờ đợi
기분	feeling	心情	気分	tâm trạng

표현	영어	중국어	일본어	베트남어
기분이 나쁘다	to feel bad	心情不好	気分が悪い	tâm trạng không vui
기쁘다	to be happy	高兴	嬉しい	vui mừng
기숙사	dormitory	宿舍	寮	ký túc xá
기억력	memory	记忆力	記憶力	trí nhớ
기차표	train ticket	火车票	汽車の切符	vé tàu
기침을 하다	to cough	咳嗽	咳をする	ho
길	street	路	道	đường
김밥	gimbap	紫菜包饭	キンパ	kimbap (cơm cuộn)
까지	until	到...为止	まで	cho đến
꼭	definitely	一定	必ず	nhất định
꽃	flower	花	花	hoa
꽃이 피다	flowers bloom	花开	花が咲く	hoa nở
꿈	dream	梦想	夢	ước mơ
끓이다	to boil	煮	沸かす	đun sôi
끝나다	to finish	结束	終わる	kết thúc
끝내다	to finish	结束	終える	hoàn thành
나가다	to go out	出去	出かける	đi ra ngoài
나라	country	国家	国	quốc gia
나쁘다	to be bad	不好	悪い	xấu, tệ
나이	age	年龄	年齢	tuổi
날마다	every day	每天	毎日	mỗi ngày
날씨	weather	天气	天気	thời tiết
낫다	to recover	痊愈	治る	khỏi bệnh
낮잠을 자다	to take a nap	睡午觉	昼寝をする	ngủ trưa
내리다	to get off	下	降ろす	xuống xe
내일	tomorrow	明天	明日	ngày mai
냄새가 나다	to be smell	有味道	臭いがする	có mùi
냉장고	refrigerator	冰箱	冷蔵庫	tủ lạnh
넣다	to insert	放入	入れる	đút
노래	song	歌曲	歌	bài hát
노래방	karaoke	KTV	カラオケ	quán karaoke
놀다	to play	玩	遊ぶ	chơi

표현	영어	중국어	일본어	베트남어
놓치다	to miss	错过	逃す	bỏ lỡ
누구	who	谁	誰	ai
누르다	to press	按	押す	nhấn
눈이 오다	to be snowy	下雪	雪が降る	tuyết rơi
늦게	late	晚	遅く	muộn
다니다	to attend	上	通う	thường xuyên lui tới (đi học)
다양하다	to be diverse	多样	多様だ	đa dạng
다음에	next time	下次	今度	lần sau
다치다	to get hurt	受伤	ケガをする	bị thương
달	month	月	月	tháng
달다	to be sweet	甜	甘い	ngọt
담배를 피우다	to smoke	抽烟	タバコを吸う	hút thuốc
대답하다	to answer	回答	答える	trả lời
대부분	most	大部分	大部分	phần lớn
대학원	graduate school	研究生院	大学院	cao học
대회	contest	大会	大会	đại hội
더럽다	to be dirty	脏	汚い	bẩn
덥다	to be hot	热	暑い	nóng
도서관	library	图书馆	図書館	thư viện
도시	city	城市	都市	thành phố
도와주다	to help	帮助	助ける	giúp đỡ
도움이 되다	to be helpful	有帮助	役に立つ	có ích
도착하다	to arrive	到达	到着する	đến nơi
돈	money	钱	お金	tiền
돈이 들다	to cost money	花钱	お金がかかる	tốn tiền
돌아가다	to return	回去	帰る	trở về
동생	younger sibling	弟弟/妹妹	弟／妹	em
뒤	back	后面	後ろ	phía sau
드라마	drama	电视剧	ドラマ	phim
듣다	to listen	听	聴く	nghe
등산	hiking	登山	登山	leo núi

표현	영어	중국어	일본어	베트남어
따뜻하다	to be warm	温暖	温かい	ấm áp
땀이 나다	to sweat	出汗	汗が出る	đổ mồ hôi
떡볶이	tteokbokki	炒年糕	トッポッキ	bánh gạo cay
마음	heart	心	心	trái tim, tấm lòng
만나다	to meet	见面	会う	gặp gỡ
만나서 반갑습니다	Nice to meet you	很高兴见到你	お会いできて嬉しいです	Rất vui được gặp bạn
만들다	to make	做	作る	làm
만화	comic book	漫画	漫画	truyện tranh
많다	to be many	多	多い	nhiều
많이 드세요	Eat a lot	请多吃点	たくさん召し上がってください	Ăn nhiều nhé
말	word	语言	言葉	lời nói
맛있다	to be delicious	好吃	美味しい	ngon
맛집	delicious restaurant	美食店	グルメ店	quán ăn ngon
매우	very	非常	とても	rất
매일	every day	每天	毎日	hàng ngày
매장	store	店铺	店舗	cửa hàng
먹다	to eat	吃	食べる	ăn
먼저	first	先	まず	trước tiên
몇	how many	几个	何	mấy
모르다	to not know	不知道	知らない	không biết
모으다	to save	攒	貯める	tiết kiệm
모이다	to gather	聚集	集まる	tụ tập
모임	gathering	聚会	集まり	buổi gặp mặt
무겁다	to be heavy	重	重い	nặng
무슨	what kind of	什么样的	何の	gì
무엇	what	什么	何	cái gì
문을 열다	to open	开门	ドアを開ける	mở cửa
문자메시지	text message	短信	メッセージ	tin nhắn
물건	things	东西	物	đồ vật
미안하다	to be sorry	对不起	すまない	xin lỗi (không trang trọng)

표현	영어	중국어	일본어	베트남어
미용실	hair salon	美发店	美容室	tiệm làm tóc
바꾸다	to change	更换	変える	thay đổi
바뀌다	to be changed	改变	変わる	thay đổi
바다	sea	海	海	biển
바람이 불다	to be windy	刮风	風が吹く	gió thổi
바쁘다	to be busy	忙	忙しい	bận rộn
박물관	museum	博物馆	博物館	bảo tàng
밖	outside	外面	外	bên ngoài
반갑다	to be pleased to do	很高兴见到你	嬉しい	hân hạnh
반대하다	to oppose	反对	反対する	phản đối
반바지	shorts	短裤	ハーフパンツ	quần đùi
받다	to receive	接收	受け取る	nhận
밥	rice (cooked)	米饭	ご飯	cơm
방학	vacation	放假	休み	kỳ nghỉ
배가 고프다	to be hungry	肚子饿	お腹が空く	đói bụng
배우	actor	演员	俳優	diễn viên
배우다	to learn	学习	習う	học
백화점	department store	百货商店	デパート	trung tâm thương mại
버리다	to throw away	扔掉	捨てる	vứt bỏ
버스	bus	公共汽车	バス	xe buýt
_번	__ number	__路	__番	số __
벌금	fine	罚款	罰金	tiền phạt
병원	hospital	医院	病院	bệnh viện
보내다	to send	寄	送る	gửi
보다	to look at	看	見る	ngắm
보통	usually	一般	普通	bình thường
복습	review	复习	復習	ôn tập
복잡하다	to be crowded	复杂	複雑だ	phức tạp
봄	spring	春天	春	mùa xuân
부럽다	to be envious	羡慕	羨ましい	ghen tị
부르다	to sing	唱	歌う	hát
부모님	parents	父母	両親	bố mẹ

표현	영어	중국어	일본어	베트남어
부탁하다	to request	请求；拜托	頼む	nhờ vả
분	minute	分钟	分	phút
불편하다	to be inconvenient	不方便	不便だ	bất tiện
비가 오다	to be rainy	下雨	雨が降る	trời mưa
비교하다	to compare	比较	比べる	so sánh
비밀번호	password	密码	パスワード、暗証番号	mật khẩu
비빔밥	bibimbap	拌饭	ビビンバ	cơm trộn
비싸다	to be expensive	贵	高い	đắt
비행기	airplane	飞机	飛行機	máy bay
빠르다	to be fast	快	速い	nhanh
빨래방	laundromat	洗衣房	コインランドリー	tiệm giặt ủi
빨리	quickly	快	速く	nhanh
빵	bread	面包	パン	bánh mì
사과	apple	苹果	りんご	táo
사귀다	to make friends	交往	付き合う	kết bạn
사다	to buy	买	買う	mua
사람	person	人	人	người
사진을 찍다	to take pictures	拍照	写真を撮る	chụp ảnh
산	mountain	山	山	núi
산책	walk	散步	散歩	đi dạo
살다	to live	生活	住む	sống
살을 빼다	to lose weight	减肥	痩せる	giảm cân
살이 빠지다	to lose flesh	变瘦	痩せる	sụt cân
살이 찌다	to gain weight	变胖	太る	tăng cân
삼계탕	samgyetang	参鸡汤	サムゲタン	samgyetang
삼촌	uncle	叔叔	叔父	chú (anh em trai của bố mẹ)
상을 받다	to receive an award	得奖	賞をもらう	nhận giải thưởng
생일	birthday	生日	誕生日	sinh nhật
서점	bookstore	书店	本屋	nhà sách
선물	present	礼物	プレゼント	quà
선배	senior	前辈	先輩	tiền bối

표현	영어	중국어	일본어	베트남어
선생님	teacher	老师	先生	giáo viên
세우다	to make	制定	立てる	lập
세탁기	washing machine	洗衣机	洗濯機	máy giặt
소개	introduction	介绍	紹介	giới thiệu
소개하다	to introduce	介绍	紹介する	giới thiệu
소설책	novel	小说	小説	tiểu thuyết
소포	parcel	包裹	小包	bưu kiện
소화제	digestive medicine	消化药	消化剤	thuốc tiêu hóa
손	hand	手	手	tay
손님	customer	顾客	お客さん	khách
쇼핑	shopping	购物	ショッピング	mua sắm
수업	class	课	授業	tiết học
수영	swimming	游泳	水泳	bơi lội
숙제	homework	作业	宿題	bài tập về nhà
쉬다	to rest	休息	休む	nghỉ ngơi
스트레스가 풀리다	to relieve stress	释放压力	ストレスが解消する	giải tỏa căng thẳng
시	hour	小时	時	giờ
시간	time	时间	時間	thời gian
시간이 있다	to have time	有时间	時間がある	có thời gian
시끄럽다	to be noisy	吵闹	うるさい	ồn ào
시장	market	市场	市場	chợ
시청	city hall	市政府	市役所	tòa thị chính
시험	exam	考试	試験	bài kiểm tra
시험을 보다	to take an exam	考试	試験を受ける	làm bài kiểm tra
식당	restaurant	饭店	食堂	nhà hàng
식사	meal	吃饭	食事	bữa ăn
식욕	appetite	食欲	食欲	sự thèm ăn
신입생	freshman	新生	新入生	học sinh mới
신청	application	申请	申し込み	đăng ký
신청하다	to apply	申请	申し込む	đăng ký
심심하다	to be bored	无聊	退屈だ	buồn chán
심하다	to be severe	严重	ひどい	nghiêm trọng

표현	영어	중국어	일본어	베트남어
싸다	to be cheap	便宜	安い	rẻ
쓰다	to write	写	書く	viết
쓰다	to put up	戴	さす	đội
씻다	to wash	洗	洗う	rửa
아까	a while ago	刚才	さっき	lúc nãy
아래	below	下面	下	bên dưới
아름답다	to be beautiful	美丽	美しい	đẹp
아버지	father	父亲	父	bố/cha
아직	yet	还	まだ	vẫn còn
아침	morning	早上	朝	buổi sáng
아파트	apartment	公寓	アパート	chung cư
아프다	to be sick	疼	痛い	ốm
악기	musical instrument	乐器	楽器	nhạc cụ
안	inside	里面	中	bên trong
안내	announcement	指南	案内	hướng dẫn
안녕히 가세요	Goodbye (to the person leaving)	再见 (对晚辈或将要离开的人说)	さようなら (立ち去る人へ)	Tạm biệt (nói với người đi)
안녕히 계세요	Goodbye (to the person staying)	再见 (对长辈或离开的人说)	さようなら (その場にとどまる人へ)	Tạm biệt (nói với người ở lại)
안전하다	to be safe	安全	安全だ	an toàn
알다	to know	知道	知っている	biết
앞	front	前面	前	phía trước
야구	baseball	棒球	野球	bóng chày
약국	pharmacy	药店	薬局	hiệu thuốc
약속을 지키다	to keep a promise	守约	約束を守る	giữ lời hứa
약속을 하다	to make a promise	约定	約束をする	hẹn
어디	where	哪里	どこ	ở đâu
어떻게	how	怎么样	どうやって	như thế nào
어머니	mother	母亲	母	mẹ
언니	older sister	姐姐	姉	chị gái
언제	when	什么时候	いつ	khi nào

표현	영어	중국어	일본어	베트남어
얼마나	how much/long	多久/多长/多大	どれくらい	bao lâu
없다	to not have	没有	いない／ない	không có
여기	here	这里	ここ	ở đây
여러	various	很多	いろいろ	nhiều
여름	summer	夏天	夏	mùa hè
여행	travel	旅行	旅行	du lịch
역	station	车站	駅	ga
연락하다	to contact	联系	連絡する	liên lạc
연습	practice	练习	練習	luyện tập
열리다	to be held	举行	開催される	được tổ chức
열이 나다	to have a fever	发烧	熱が出る	bị sốt
영양제	nutritional supplements	营养剂	栄養剤	thuốc bổ
영화	movie	电影	映画	phim
옆	next to	旁边	横	bên cạnh
예매	booking in advance	预订	予約	mua vé trước
예매하다	to book in advance	预订	予約する	đặt trước (vé)
예쁘다	to be pretty	漂亮	きれいだ	đẹp
예약하다	to make a reservation	预约	予約する	đặt trước
오늘	today	今天	今日	hôm nay
오다	to come	来	来る	đến
오랜만이다	Long time no see	好久不见	お久しぶりです	Lâu rồi không gặp
오리엔테이션	orientation	说明会	オリエンテーション	buổi định hướng
오빠	older brother	哥哥	兄	anh trai
올라가다	to go up	上升	上がる	đi lên
올해	this year	今年	今年	năm nay
옷	clothes	衣服	服	quần áo
왜	why	为什么	なぜ	tại sao
외롭다	to be lonely	孤独	寂しい	cô đơn
요리	cooking	料理	料理	nấu ăn
요리하다	to cook	做饭	料理する	nấu ăn

표현	영어	중국어	일본어	베트남어
요일	day of the week	星期	曜日	thứ (trong tuần)
요즘	these days	最近	最近	dạo này
우산	umbrella	雨伞	傘	ô (dù)
우체국	post office	邮局	郵便局	bưu điện
운동	exercise	运动	運動	vận động
운동선수	athlete	运动员	スポーツ選手	vận động viên
운동장	playground	运动场	運動場	sân vận động
운전	driving	驾驶	運転	lái xe
원	won	韩元	ウォン	won (đơn vị tiền hàn)
월요일	Monday	星期一	月曜日	thứ hai
위	top	上面	上	bên trên
은행	bank	银行	銀行	ngân hàng
은행원	bank teller	银行职员	銀行員	nhân viên ngân hàng
음료수	beverage	饮料	飲み物	nước ngọt
음식	food	食物	食べ物	món ăn
음악	music	音乐	音楽	âm nhạc
의사	doctor	医生	医者	bác sĩ
이기다	to win	赢	勝つ	chiến thắng
이름	name	名字	名前	tên
이메일	email	电子邮件	イーメール	thư điện tử
이모	maternal aunt	姨妈	叔母（母方の）	dì/bác (em gái/chị gái của mẹ)
이사	move	搬家	引っ越し	chuyển nhà
이용하다	to use	利用	利用する	sử dụng
이해하다	to understand	理解	理解する	hiểu
인기가 있다	to be popular	受欢迎	人気がある	được yêu thích
일	work	工作	仕事	công việc
일기	diary	日记	日記	nhật ký
1등	first place	第一名	1等	hạng 1
일어나다	to wake up	起床	起きる	thức dậy
일찍	early	早	早く	sớm
일하다	to work	工作	働く	làm việc

표현	영어	중국어	일본어	베트남어
읽다	to read	读	読む	đọc
입다	to wear	穿	着る	mặc
입학하다	to enter	入学	入学する	nhập học
있다	to have	有	いる／ある	có
잊어버리다	to forget	忘记	忘れる	quên
자랑	boast	自豪	自慢	tự hào
자르다	to cut	剪	切る	cắt
자리	seat	座位	席	chỗ ngồi
자주	often	经常	よく	thường xuyên
작다	to be small	小	小さい	nhỏ
잘	well	好	上手に	tốt
잠깐	for a moment	一会儿	ちょっと	chốc lát
잠깐만 기다리세요	Please wait a moment	请稍等	少々お待ちください	Xin vui lòng đợi một chút
잠을 자다	to sleep	睡觉	眠る	ngủ
장미	rose	玫瑰	バラ	hoa hồng
장소	place	场所	場所	địa điểm
재료	ingredients	材料	材料	nguyên liệu
재미없다	to not fun	无趣	つまらない	không thú vị
재미있다	to be fun	有趣	楽しい	thú vị
저	I	我	私	tôi
저기	over there	那边	あそこ	ở đằng kia
적다	to be few	少	少ない	ít
적당하다	to be appropriate	适当	適度だ	vừa phải
전공하다	to major in	主修	専攻する	theo học chuyên ngành
전화를 받다	to answer the phone	接电话	電話に出る	trả lời điện thoại
전화번호	phone number	电话号码	電話番号	số điện thoại
점심	lunch	午饭	昼ごはん	bữa trưa
젓가락	chopsticks	筷子	箸	đũa
제일	most	最	一番	nhất
제주도	jeju island	济州岛	済州島	đảo jeju

표현	영어	중국어	일본어	베트남어
조금	a little	一点	少し	một ít
조금만	just a little bit	一点点	少しだけ	một chút thôi
조용하다	to be quiet	安静	静かだ	yên tĩnh
조용히	quietly	安静地	静かに	yên tĩnh
졸업하다	to graduate	毕业	卒業する	tốt nghiệp
좋다	to be good	好	良い	tốt
좋아지다	to be get better	变好	良くなる	trở nên tốt hơn
좋아하다	to like	喜欢	好きだ	thích
죄송하다	to be sorry	对不起	申し訳ない	xin lỗi
주다	to give	给	あげる	cho
주말	weekend	周末	週末	cuối tuần
주민	resident	居民	住民	cư dân
주소	address	地址	住所	địa chỉ
주스	juice	果汁	ジュース	nước ép
주차장	parking lot	停车场	駐車場	bãi đậu xe
줄이다	to reduce	减少	減らす	giảm
중국	China	中国	中国	trung quốc
중국 사람	Chinese person	中国人	中国人	người trung quốc
즐겁다	to be fun	快乐	楽しい	vui vẻ
즐기다	to be enjoy	享受	楽しむ	tận hưởng
지각하다	to be late	迟到	遅刻する	đến muộn
지금	now	现在	今	bây giờ
지나다	to pass (time)	经过	過ぎる	trôi qua
지루하다	to be boring	无聊	退屈だ	chán
지하철	subway	地铁	地下鉄	tàu điện ngầm
직원	employee	职员	社員	nhân viên
직접	directly	直接	直接	trực tiếp
질문하다	to ask a question	提问	質問する	hỏi
짐	luggage	行李	荷物	hành lý
차	car	车	車	ô tô
착하다	to be kind	善良	優しい	tốt bụng
참가비	participation fee	参加费	参加費	phí tham gia

표현	영어	중국어	일본어	베트남어
창가	window seat	窗边	窓際	cạnh cửa sổ
찾다	to visit	寻找	探す	tìm kiếm
찾아오다	to visit	来访	訪れる	tìm đế
채소	vegetables	蔬菜	野菜	rau củ
책	book	书	本	sách
책상	desk	书桌	机	bàn làm việc
처음	for the first time	第一次	初めて	lần đầu
처음 뵙겠습니다	How do you do?	初次见面	初めまして	Rất hân hạnh được gặp bạn (lần đầu)
청소하다	to clean	打扫	掃除する	dọn dẹp
체육관	gym	体育馆	体育館	nhà thi đấu
축구	soccer	足球	サッカー	bóng đá
축하하다	to congratulate	祝贺	祝う	chúc mừng
출구	exit	出口	出口	lối ra
출근하다	to go to work	上班	出勤する	đi làm
춤을 추다	to dance	跳舞	ダンスを踊る	nhảy múa
춥다	to be cold	冷	寒い	lạnh
취미	hobby	爱好	趣味	sở thích
취직	getting a job	就业	就職	xin việc
취직하다	to get a job	就业	就職する	xin việc
치마	skirt	裙子	スカート	váy
친구	friend	朋友	友達	bạn bè
친척	relatives	亲戚	親戚	họ hàng
카드	card	卡	カード	thẻ
카페	cafe	咖啡馆	カフェ	quán cà phê
콧물이 나다	to have a runny nose	流鼻涕	鼻水が出る	chảy nước mũi
크다	to be big	大	大きい	to, lớn
타다	to ride	坐/乘	乗る	lên/đi (xe)
태권도	taekwondo	跆拳道	テコンドー	taekwondo
택시	taxi	出租车	タクシー	taxi
텔레비전	television	电视	テレビ	ti vi

표현	영어	중국어	일본어	베트남어
특별하다	to be special	特别	特別だ	đặc biệt
파티	party	派对	パーティー	buổi tiệc
편리하다	to be convenient	方便	便利だ	tiện lợi
편의점	convenience store	便利店	コンビニ	cửa hàng tiện lợi
편지	letter	信	手紙	thư
편하다	to be convenient	方便	楽だ	thoải mái
포기하다	to give up	放弃	諦める	từ bỏ
포도	grape	葡萄	ぶどう	nho
포크	fork	叉子	フォーク	đĩa
표	ticket	票	チケット	vé
푹	deeply	酣	深いさま	một cách ngon lành
피로가 풀리다	to relieve fatigue	消除疲劳	疲れが取れる	giải tỏa mệt mỏi
피아노를 치다	to play the piano	弹钢琴	ピアノを弾く	chơi piano
필요 없다	to be unnecessary	不需要	必要ない	không cần
필요하다	to need	需要	必要だ	cần thiết
필통	pencil case	笔袋	筆箱	hộp bút
하지만	but	但是	しかし	nhưng mà
학교	school	学校	学校	trường học
학교생활	school life	学校生活	学校生活	cuộc sống ở trường
학생	student	学生	学生	học sinh
학생회관	student union building	学生会馆	学生会館	hội quán sinh viên
한가하다	to be free	空闲	暇だ	rảnh rỗi
한국 생활	life in Korea	韩国生活	韓国生活	cuộc sống ở hàn quốc
한국말	Korean	韩语	韓国語	tiếng hàn
한식	Korean food	韩食	韓国料理	món ăn hàn quốc
해열제	fever reducer	退烧药	解熱剤	thuốc hạ sốt
해외여행	overseas travel	海外旅行	海外旅行	du lịch nước ngoài
행복하다	to be happy	幸福	幸せだ	hạnh phúc
행사	event	活动	行事	sự kiện
형	brother	哥哥	兄	anh trai
_호선	__ line	__号线	__号線	tuyến số __

표현	영어	중국어	일본어	베트남어
호수	lake	湖	湖	hồ nước
_호차	__ car	__号车厢	__号車	toa số __
혼자	alone	独自	一人	một mình
화가 나다	to get angry	生气	腹が立つ	tức giận
화장품	cosmetics	化妆品	化粧品	mỹ phẩm
환불하다	to refund	退款	払い戻す	hoàn tiền
환자	patient	患者	患者	bệnh nhân
회사	company	公司	会社	công ty
회사 일	company work	公司的事	会社の仕事	công việc công ty
회사원	office worker	公司职员	会社員	nhân viên công ty
휴가	vacation	放假	休み	sự nghỉ phép
휴일	holiday	假日	休日	ngày nghỉ
힘들다	to be difficult	辛苦	つらい	khó khăn
힘이 나다	to gain energy	精神焕发	元気が出る	tràn đầy năng lượng

한국어능력시험
듣기, 읽기

| 성명 (Name) | 한국어 (Korean) | |
| | 영어 (English) | |

수험번호

문제지 유형 (Type)
- 홀수형 (Odd number type) ○
- 짝수형 (Even number type) ○

결시 확인란
결시자의 영어 성명 및 수험번호 기재 후 표기 ○

※ 위 사항을 지키지 않아 발생하는 불이익은 응시자에게 있습니다.

감독관 확인
본인 및 수험번호 표기가 정확한지 확인 (인)

번호	답란			
1	①	②	③	④
2	①	②	③	④
3	①	②	③	④
4	①	②	③	④
5	①	②	③	④
6	①	②	③	④
7	①	②	③	④
8	①	②	③	④
9	①	②	③	④
10	①	②	③	④
11	①	②	③	④
12	①	②	③	④
13	①	②	③	④
14	①	②	③	④
15	①	②	③	④
16	①	②	③	④
17	①	②	③	④
18	①	②	③	④
19	①	②	③	④
20	①	②	③	④

번호	답란			
21	①	②	③	④
22	①	②	③	④
23	①	②	③	④
24	①	②	③	④
25	①	②	③	④
26	①	②	③	④
27	①	②	③	④
28	①	②	③	④
29	①	②	③	④
30	①	②	③	④
31	①	②	③	④
32	①	②	③	④
33	①	②	③	④
34	①	②	③	④
35	①	②	③	④
36	①	②	③	④
37	①	②	③	④
38	①	②	③	④
39	①	②	③	④
40	①	②	③	④

번호	답란			
41	①	②	③	④
42	①	②	③	④
43	①	②	③	④
44	①	②	③	④
45	①	②	③	④
46	①	②	③	④
47	①	②	③	④
48	①	②	③	④
49	①	②	③	④
50	①	②	③	④
51	①	②	③	④
52	①	②	③	④
53	①	②	③	④
54	①	②	③	④
55	①	②	③	④
56	①	②	③	④
57	①	②	③	④
58	①	②	③	④
59	①	②	③	④
60	①	②	③	④

번호	답란			
61	①	②	③	④
62	①	②	③	④
63	①	②	③	④
64	①	②	③	④
65	①	②	③	④
66	①	②	③	④
67	①	②	③	④
68	①	②	③	④
69	①	②	③	④
70	①	②	③	④

MEMO

MEMO

MEMO